Michael Monthofer

Muntere
Kanarienvögel

Kosmos

Grünfutter ist lecker und gesund und animiert zum Knabbern und Turnen.

Inhalt

Kanarienvögel sind gesellige Tiere, die sich miteinander wohlfühlen.

Kanarienvögel gibt es in verschiedenen Farben.

Ihre Heimat, die Kanarischen Inseln

Biologie und Heimat

Kanarienvögel kommen von den Glücklichen Inseln

Die als „Glückliche Inseln" bezeichneten Kanarischen Inseln waren schon den alten Kulturvölkern bekannt.

Bereits der römische Gelehrte Plinius der Ältere, der im Jahre 79 n. Chr. starb, kannte den Namen Kanaria, den er von der Menge großer Hunde (Canis) herleitete, die dort vorgefunden wurden.

Die Kanarien-Girlitze bewohnen heute noch die fünf Inseln Teneriffa, Gran Canaria, Gomera, La Palma und Ferro sowie das benachbarte Madeira. Sie bevorzugen gebirgiges, baumreiches Gelände, besonders auch Gärten und Weinberge und meiden das Innere des schattigen Hochwaldes. Ihre Verbreitung erstreckt sich von der Meeresküste bis in 1900 m Höhe.

In den Herbst- und Wintermonaten lebt der Kanarien-

Außerhalb der Brutzeit leben die Kanarienvögel in Schwärmen zusammen.

„Traditionelle" Kanarienvogelhaltung

das Männchen am liebsten in der Nähe auf einem Baum und läßt seinen Gesang ertönen.

Der wilde Kanarienvogel ernährt sich von verschiedenen Samen, hauptsächlich von dem des Kanariengrases, auch Spitz- oder Glanzsamen genannt. Daneben verschmäht er aber Grünzeug und Früchte nicht, wobei er sich in seinem heimatlichen Lebensraum auch an die dort vorkommenden Feigen hält.

EINFÜHRUNG NACH EUROPA

In die spanische Hafenstadt Cadiz wurden die ersten Kanarien-Girlitze von dem französischen Seefahrer Jean de Bethencourt gebracht, der sich von König Heinrich III. von Kastilien mit den Kanarischen Inseln hatte belehen lassen und dort 1402 gelandet war. Aber erst nachdem die Spanier im Jahre 1473 die Kanarischen Inseln erobert hatten, wurden sie auf das „Zuckervögelchen" aufmerksam. Sie fanden bald heraus, daß sich der Kanarienvogel wegen seines harmonischen Gesanges, seiner zierlichen Körperform, seines zutraulichen Wesens und seiner leichten Züchtbarkeit auch als Handelsgut eignete.

vogel gesellig in Schwärmen von 50 und mehr Tieren. Während der ersten Tage des Februars lösen sich diese Scharen in einzelne Pärchen auf, es beginnt die Brutzeit. Paarung und Nestbau der wildlebenden Kanarienvögel erfolgen gewöhnlich in der zweiten Hälfte des März.

Die Nester sind auf alleinstehenden Bäumen und auch auf der Baumheide in etwa 3 m Höhe zu finden. Das napfförmige Nest wird aus Halmen und Würzelchen gebaut und mit wolligen Pflanzenteilen ausgepolstert. Das Gelege besteht aus vier bis fünf Eiern, die in 13 Tagen erbrütet werden. Die Jungen sind nach 14 Tagen flügge.

Gewöhnlich finden zwei - seltener drei - Bruten im Jahr statt. Während das Kanarienweibchen brütet, sitzt

Um seine Verbreitung durch Zucht in anderen Gegenden zu verhindern, wurden von Anfang an nur Männchen ausgeführt. Dadurch bewahrten sich die Spanier das Monopol für diesen Handel über ein volles Jahrhundert lang.

Zum Ende des Monopols soll es nach der Legende wie folgt gekommen sein: Bei der Strandung eines nach Livorno bestimmten spanischen Schiffes wurden die Kanarienvögel auf die Insel Elba verschlagen, wo sie sich bald eingewöhnten und durch Paarung mit einheimischen Artgenossen – namentlich dem Zeisig – rasch vermehrten. Nach heutigem Wissensstand wohl eher eine „fromme Legende".

Wahrscheinlicher wird sein, daß sich unter den exportierten Kanarienvögeln auch einzelne Weibchen befanden, mit denen dann planmäßig Zuchten aufgebaut wurden.

Zu jener Zeit stellte der Kanarienvogel eine ganz besondere Kostbarkeit dar. Er war der Vogel der Reichen und Herrschenden. Es war sogar Mode, daß vornehme Damen den Kanarienvogel auf dem Zeigefinger trugen, wenn sie Besuch empfingen, und sich nur mit ihrem gefiederten Liebling malen ließen.

Manches alte Schloß in Katalonien, Kastilien oder Andalusien birgt wohl noch heute ein altes, verblichenes Gemälde, das eine Dame im Lehnstuhl sitzend darstellt, mit dem „Zuckervögelchen" auf dem Zeigefinger der linken Hand oder auf der Schulter.

Diese Wertschätzung wird sicherlich Anreiz gewesen sein, den kostbaren Vogel illegal gegen entsprechende Bezahlung außer Landes zu bringen. Das führte dazu, daß der Kanarienvogel bereits gegen Ende des 16. Jahrhunderts in vielen europäischen Ländern wie Frankreich, Italien, Holland, England und Deutschland zu finden war.

ENTWICKLUNG ZUM HEIMTIER

Bereits die Mönche in den spanischen Klöstern merkten, wie leicht der Kanarienvogel in Menschenhand zu züchten ist. Das war auch in Italien nicht anders, von wo aus in jener Zeit ein reger Handel mit Kanarienvögeln, insbesondere nach Tirol, einsetzte. Dort wurde die Zucht vor allem von den Bergleuten in der Stadt Imst bis über das Jahr 1800 hinaus eifrig betrieben.

Der zutrauliche und ausdauernde Kanarienvogel mit seinem schönen gelben Federkleid und dem ansprechenden Gesang wurde den Bewohnern der entlegenen

Für die „moderne" Haltung gibt es geräumige Vogelheime.

Gebirgsdörfer während der langen Wintermonate ein lieber Hausgenosse und ersetzte ihnen die einheimischen Wildvögel, die damals in großem Umfang gehalten wurden.

Die Tiroler waren jedoch nicht nur Züchter, sondern auch Händler. In dem Marktflecken Imst im Oberinntal bildete sich ein regelrechtes Handelszentrum, wo alle Vogelhändler zusammenkamen, um gemeinsam ihre Reise in ferne Länder anzutreten. Am Portiunkulamontag (Anfang August) zogen die Vogelhändler fort. Der Kaplan segnete sie, und bis zur Ortschaft Nassereith gab ihnen das Volk unter Musikbegleitung das Geleit.

In Donauwörth trennten sich die einzelnen Träger. Ihr Sprüchlein lautete: „Gold'ne Vögel trag' ich aus, / Gold'ne Vögel bring' ich z' Haus / Und fürs Dirndl 'nen Blumenstrauß. / Aber ich hab' 'nen Weg, 'nen weiten / Und dazu kein Roß zum Reiten. / Da braucht's wohl 'nen Kopf, 'nen g'scheiten."

Neben Deutschland waren die Schweiz, Holland, Frankreich, England, ja selbst Rußland, die Türkei und Syrien diejenigen Länder, die von den Tiroler Vogelhändlern besucht wurden.

In diesem Zusammenhang sei auch der englischen Überlieferung gedacht, nach der die ersten Kanarienvögel um das Jahr 1590 von dem berühmten Seemann Walter Raleigh als Geschenk für die Königin Elisabeth I. von England in einem goldenen Drahtkäfig nach Europa gebracht worden sind. Anfangs erregten die Vögelchen keineswegs das Interesse der Herrscherin, die bei ihrem Anblick erklärt haben soll: „Um so weit herzukommen, sind sie nicht gerade schön!"

„Ich bitte Eure Majestät", soll Raleigh gesagt haben, „sich so lange zu gedulden, bis die kleinen Musikanten zu singen anfangen."

Und als ob sie die Worte verstanden hätten, begannen die Vögel sofort, ein damals sehr beliebtes kurzes Liedchen „Ich saß erst im Schatten und sah dann die Sonne von England" zu singen. Von diesem Augenblick an wurden die Vögel die Schützlinge der Königin, die ihnen ihre Gunst um so mehr zuwandte, als sich in den folgenden Generationen die graugrüne Färbung des Gefieders immer mehr in ein leuchtendes Gelb verwandelte, was ihnen den Namen „Goldvögel" eintrug.

Als später die Kanarienvögel von der Königin paarweise an ihre Günstlinge ver-

schenkt wurden, bildeten sie eine seltene und sehr begehrte Auszeichnung. In der Familie des Lord Castlereagh wird heute noch ein einbalsamierter Kanarienvogel aus jener Zeit aufbewahrt, der an seinem Fuß einen goldenen Ring mit dem königlichen Monogramm trägt.

IN DEUTSCHLAND

Bei uns wurde die Stadt Nürnberg Zentrum der Kanarienzucht. Nach der Chronik aus dem Jahre 1645 wurde dort der Kanarienvogel vorwiegend von Handwerkern gezüchtet und an auswärtige Händler verkauft. Die Nürnberger Kaufleute sollen die Zuchtvögel unmittelbar von den Kanarischen Inseln importiert haben.

Am Anfang des 17. Jahrhunderts wurden schon über 8000 Kanarien jährlich gezüchtet, und der Umsatz der „Nürnberger Vögel" muß recht umfangreich gewesen sein, denn die Nürnberger Obrigkeit sah sich durch das Treiben unreeller Händler, die andernorts aufgekaufte Kanarien als „echte Nürnberger" anboten, zu strengen Verordnungen veranlaßt. Es durften nur als reell bekannte fremde Vogelhändler in Nürnberg einkaufen, und sie mußten

KLEINE KANARIENVOGELKUNDE

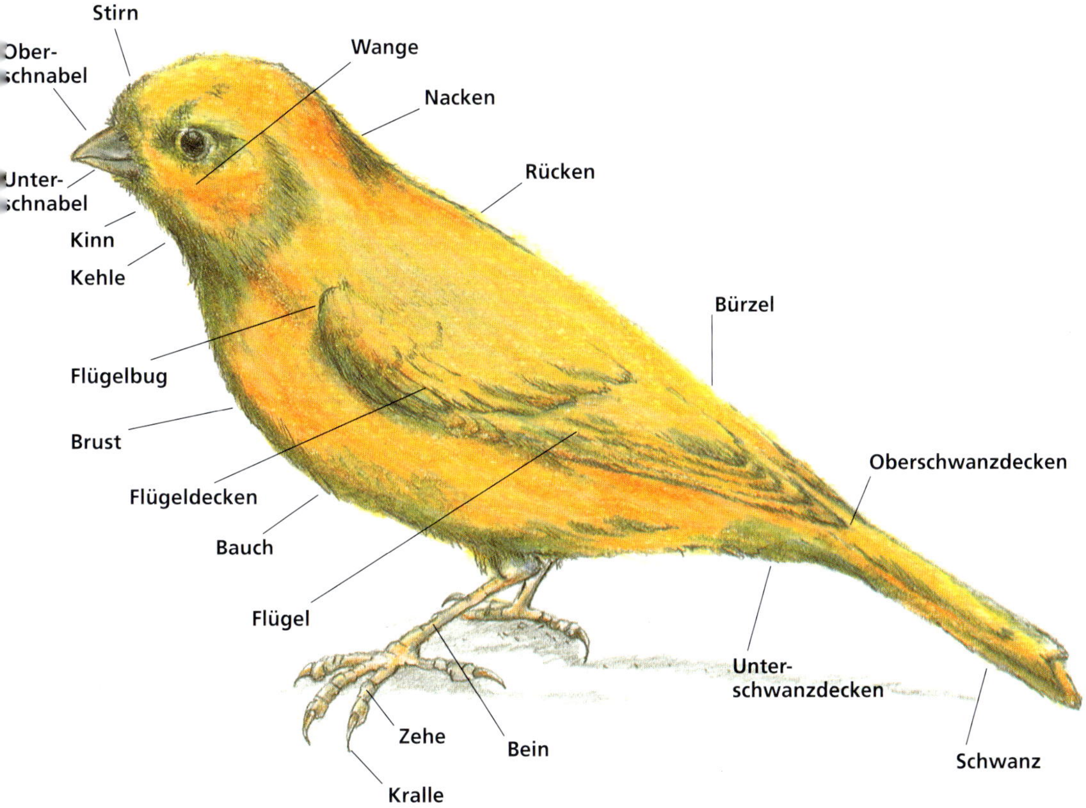

Stirn
Ober-
schnabel
Wange
Nacken
Rücken
Unter-
schnabel
Kinn
Kehle
Bürzel
Flügelbug
Brust
Oberschwanzdecken
Flügeldecken
Bauch
Flügel
Unter-
schwanzdecken
Zehe
Bein
Schwanz
Kralle

sich beim Weggang ein amt-
liches Zertifikat ausstellen
lassen, in welches aufge-
nommen wurde, wie viele
Kanarienvögel sie erworben
hatten beziehungsweise
ausführten.
Gegen Ende des 17. und Anfang des 18. Jahrhunderts
hatte Nürnberg viel durch
Kriegswirren zu leiden.
Handel und Industrie lagen
vollständig darnieder, auch

die Kanarienzucht kam
zum Erliegen.
Anfang des 19. Jahrhun-
derts war der Bergbau in Tirol nicht mehr ergiebig genug, so daß die Bergleute
aus Imst in den Harz ab-
wanderten, um in den dorti-
gen Gruben ihren Lebens-
unterhalt zu verdienen. Die
Bewohner von Sankt An-
dreasberg und anderen Or-
ten im Harz haben dann

den Gesang der Kanarien-
vögel zu größter Entwick-
lung und Vervollkomm-
nung gebracht – mit der
Folge, daß heute noch viele
Menschen den Gesangska-
narienvogel als „Harzer Roller" bezeichnen.
Bereits im Jahre 1842 mach-
te die Firma C. Reiche einen
Versuch, Kanarien nach
Nordamerika zu exportie-
ren. Schon 18 Jahre später

Durch Leckerbissen werden sie schnell handzahm.

KANARIENVOGEL-KUNDE

Der Körperbau

Der Bewegungsapparat des Kanarienvogels besteht aus einem starren passiven Teil, dem Skelett, und einem beweglichen aktiven Teil, der Muskulatur mit ihren Sehnen und Bändern.

Trotz der hohen Stabilität ist das Skelett im Verhältnis zu dem der Säugetiere außerordentlich leicht. Seine Beweglichkeit erhält der Vogelkörper durch die Skelettmuskulatur. Die Hautmuskulatur dient dem Aufrichten, Senken und Drehen der Federn.

Die befiederte äußere Haut des Vogels ist zugleich Schutzhülle und Wärmeregulator.

Das Gefieder kennzeichnet das äußere Erscheinungsbild des Kanarienvogels, und es vergrößert das Körpervolumen, wodurch die Flugfähigkeit verbessert wird. Zugleich reguliert es die Wärmeabgabe. So kann der Kanarienvogel seine relativ hohe Körpertemperatur besser konstant halten. Das Gefieder besteht aus Schwanz- und Schwungfedern (Großgefieder) und Körperfedern (Kleingefieder). Die Daunen des Kanarienkükens sind die besonders aufgelockerten Spitzen von in der Haut verborge-

war der Absatz auf über 15 000 Kanarienvögel jährlich gestiegen. Mit der Erschließung Nordamerikas als Absatzgebiet erlebte die Kanarienzucht zu Erwerbszwecken in Deutschland einen ungeahnten Aufschwung. Durch den Massenexport entwickelte sich die Züchtung des Kanarienvogels von der bloßen Liebhaberei zur Großzucht und damit zum Geschäft.

In den letzten 20 Jahren vor Ausbruch des Ersten Weltkrieges war der deutsche Kanarienexport mit seinem Millionenumsatz bereits ein beachtenswerter volkswirt-

schaftlicher Faktor geworden.

Den Bergleuten in Sankt Andreasberg gebührt das Verdienst, eine kaum für möglich gehaltene Verfeinerung des Gesanges erzüchtet zu haben. Beispielhaft seien hier die berühmten Züchter Trute und Seifert genannt.

Wenn auch heute in Sankt Andreasberg die Kanarienzucht kaum noch existent ist, so bleibt der Name dennoch stets mit dem „Harzer Roller" oder „Sächsischen" Kanarienvogel, wie er im Ausland genannt wird, auf das engste verbunden.

nen, noch nicht entwickelten Federn.

Der Oberschnabel überragt normalerweise geringfügig den Unterschnabel.

Die Krallen geben den Zehenspitzen des Kanarienvogels den notwendigen Schutz. Die Hornschuppen an Läufen und Zehen schützen ebenfalls die Haut.

Außer einigen Talgdrüsen im Gehörgang und der Bürzeldrüse haben Kanarienvögel keine Hautdrüsen, insbesondere keine Schweißdrüsen. Diese würden nur das Federkleid verkleben. Die Bürzeldrüse, die oberhalb der ersten Schwanzwirbel liegt, sondert ein Sekret ab, mit dem das Gefieder eingefettet wird und ist deswegen für den Kanarienvogel, der auch gerne und häufig badet, von besonderer Bedeutung. Bei Störungen der Sekretbildung kann der Vogel sein Gefieder nicht einfetten, und es verliert seine wasserabweisenden Eigenschaften, was im Extremfall zur Durchnässung des Gefieders und damit zum Erkältungstod des Vogels führen kann.

Die Ernährung

Der Kanarienvogel kann praktisch als Allesfresser bezeichnet werden: er ist in der Lage, sowohl pflanzliche als auch tierische Futterstoffe zu verdauen. Im

Ein Verwandter: der heimische Girlitz

Gegensatz zu den Säugetieren fehlen ihm jedoch die Zähne, um Nahrung zu zerkleinern.

Das Futter gelangt nach Beimischung von Speichel von der Schnabelhöhle in den Kropf, eine Erweiterung der Speiseröhre. Durch die Abgabe von Schleim wird das Futter aufgeweicht, und hier beginnt bereits die Verdauung der aufgenommenen Nahrung, insbesondere der Abbau von Kohlehydraten. Aus dem Kropf gelangt die Nahrung über die untere Speiseröhre in den Drüsenmagen, dort wird das Futter mit Magensaft durchtränkt. Der aus mehreren kräftigen Muskeln bestehende Muskelmagen bewirkt durch rhythmische Bewegungen die Zerkleinerung des Mageninhaltes. Aufgenommene Steinchen (Grit) begünstigen diesen Vorgang.

Die hauptsächlichen Verdauungsvorgänge – und damit die Aufnahme der Nährstoffe – erfolgen vor allem im Dünndarm. Im kurzen Dick- und Enddarm sammelt sich der Kot, bevor er über die Kloake ausgeschieden wird. Dabei fällt beim Kanarienvogel der schwarzweiß gefärbte Kot auf. Beim weißen Anteil handelt es sich um Harnsäure. Die Nieren, denen die Blutwäsche obliegt, führen beim Vogel wesentlich mehr Wasser in den Organismus zurück, als dies bei Säugetieren der Fall ist. Letztendlich dient auch dieser Mechanismus dazu, den Vogelkörper für das Fliegen leichter zu machen. Eine gefüllte Harnblase würde nur unnötigen Ballast bedeuten!

Das Atmungssystem der Vögel weist den höchsten Entwicklungsgrad von allen Wirbeltieren auf. Das betrifft nicht nur seine Leistungsfähigkeit, sondern auch seine anatomische Struktur. Die Lunge wird zum Gasaustausch benötigt, d.h. dem Blut wird Sauerstoff zugeführt und Kohlendioxyd an die Außenluft abgegeben. In der Vogellunge ist die Oberfläche für den Gasaustausch durch Ausbildung von Luftkapillaren enorm vergrößert.

Die Lunge ist mit ihrer Umgebung verwachsen und steht in direkter Verbindung mit den Luftsäcken. Diese stellen dünnwandige, lufthaltige Schleimhautaussackungen dar. Die Luftsäcke werden durch die Atembewegung erweitert bzw. komprimiert und wirken dabei als Blasebälge zur Belüftung der Lunge. Neben der Atemfunktion haben die Luftsäcke außerdem eine wärmeregulierende und gewichtsreduzierende Wirkung.

Die Sinnesorgane

Die wichtigsten Sinnesorgane sind Auge, Hör- und Gleichgewichtsorgan. Während Augen und Gehör gut entwickelt sind, haben die Geschmacks- und Geruchsorgane keine große Bedeutung.

Die Augen sind relativ groß und haben einen ähnlichen Aufbau wie die der Säugetiere. Der Kanarienvogel kann ein relativ großes Gesichtsfeld überblicken, wobei das flächenhafte Sehen überwiegt.

Die Geschlechtsorgane

Die Hoden der Kanarienhähne befinden sich in der Leibeshöhle in unmittelbarer Nähe der Nieren. Die Samenleiter münden in die Kloake.

Bei den weiblichen Kanarienvögeln sind die Eierstöcke vor Legebeginn, also in der Ruhephase, relativ klein. Zur Zeit der Geschlechtsreife entwickeln sich aus den Eianlagen die schnell wachsenden Eizellen. Der Eileiter nimmt die reife Eizelle auf und umgibt sie mit Eiweiß, den Schalenhäuten und der Kalkschale. Die Befruchtung des Eies erfolgt ebenfalls im Eileiter vor Bildung der Kalkschale. Die mineralischen Bestandteile der Kalkschale werden dem Blut entnommen. Die Eischale ist von vielen Poren durchsetzt, die den Luftaustausch ermöglichen. Die grüngesprenkelte Färbung der Kanarienvogeleier entsteht durch Einlagerung von Pigmenten. Während des Legevorganges stülpt sich die Vagina aus der Kloake, wodurch eine Verunreinigung des Eies mit Kot vermieden wird. Die überwiegende Anzahl der

Eier wird mit dem spitzen Ende zuerst gelegt.

DIE NÄCHSTEN VERWANDTEN

Der Kanarienvogel gehört im Vogelreich zur großen Ordnung der Passeriformes (lat. Passer = Sperling). Über die Hälfte aller heute auf der Welt lebenden Vogelarten gehört zu diesen Sperlingsartigen. Innerhalb dieser Ordnung gehört der Kanarienvogel zur Familie der Finken. Diese wird weiter unterteilt in drei Unterfamilien. Finken sind durch 12 Schwanzfedern, 9 Schwungfedern und einen meist kräftigen Schnabel gekennzeichnet, der ihnen das Öffnen von Sämereien oder sogar Nüssen ermöglicht. Zu den Finken gehören z.B. Buchfink, Kernbeißer, Stieglitz, Zeisig, Kreuzschnabel, Karmingimpel, Dompfaff und der Girlitz.

GESANG, FARBE UND GESTALT

Die Kanarienvögel lassen sich in drei Hauptgruppen unterscheiden, nämlich die Gesangskanarien, Farbkanarien und Gestaltskanarienvögel.
Im deutschsprachigen Raum wurde seit jeher der Gesangskanarienvogel bevorzugt, der durch die Harzer Berg-

Harzer Roller sind die beliebtesten Gesangskanarienvögel.

leute im Städtchen Sankt Andreasberg zu seiner höchsten Vollendung gebracht wurde. Der Gesang ist von so außergewöhnlicher Qualität, daß er sich mit dem Gesang von Farb- und Gestaltskanarien überhaupt nicht vergleichen läßt. Demgegenüber spielt die Färbung praktisch keine Rolle, da die züchterische Auslese ausschließlich nach gesanglichen Qua-

litäten der Vögel betrieben wird. Im Laufe der Domestikation des Kanarienvogels ist eine Tendenz zur Aufhellung des Gefieders zu beobachten, d.h. daß sich aus dem ehemals grünen Wildvogel in Menschenobhut der gelbe Kanarienvogel entwickelte, dessen Farbbezeichnung „kanariengelb" auch heute noch sprichwörtlich ist. Die Aufhellung von in Men-

Täglicher Freiflug hält unseren Kanarienvogel gesund und fit.

so die rote Farbe auch in die ursprünglich gelbe Kanarienvogelrasse einfließt.

Heute gibt es eine kaum noch überschaubare Anzahl von Farbvariationen und -kombinationen, so daß dem Vogelliebhaber die Auswahl wirklich schwer fällt.

In Holland, Frankreich und England legte man auf den Gesang weniger Wert und hatte mehr Freude an der Herauszüchtung von besonderen Farben und Körperformen. So gibt es Kanarienvögel in vielerlei Variationen, z.B. solche, die eine Haube auf dem Kopf tragen, andere zeichnen sich beim „in Stellung gehen" durch ihre besondere Silhouette in Form eines Halbmondes oder einer Sieben aus. Die sog. Holländer-Kanarien tragen Locken, die sie wie frisiert erscheinen lassen. Diese Rassen sind besonders in den romanischen Ländern ausgesprochen beliebt, während die reinen „Figurenkanarien", zu denen zum Beispiel die Norwich-, Border- und Gloster-Rassen zählen, der Züchtungskunst der Engländer entsprungen sind.

Die Deutschen waren stets auf den Gesangskanarienvogel fixiert. Dies hat sich eigentlich erst nach dem Zweiten Weltkrieg mit dem „Wirtschaftswunder" und

schenobhut gehaltenen Tieren ist ein immer wieder beobachtetes Phänomen. In freier Natur wären solche Individuen in der Regel nicht lebensfähig, da sie zu auffällig wären und sofort ihren Freßfeinden zum Opfer fallen würden.

Durch die Einkreuzung des aus Venezuela stammenden Kapuzenzeisigs nach dem Ersten Weltkrieg durch ostpreußische Kanarienzüchter wurde der orangerote und später der leuchtendrote Kanarienvogel hervorgebracht. Es handelt sich hierbei um das Zuchtsystem

der „Verdrängungszucht". Dabei wurde ein gelber, aufgehellter Kanarienvogel mit dem südamerikanischen Kapuzenzeisig gepaart. Nachkommen mit dem neuen gewünschten Merkmal, der roten Gefiederfarbe, werden jetzt wieder mit den gelben Kanarienvögeln gekreuzt. Auf diese Art und Weise wird das sonstige Erbgut, zumindest statistisch betrachtet, stets halbiert bzw. verdrängt. Wichtig bei dieser Verdrängungszucht ist natürlich, daß das gewünschte neue Merkmal stets vorhanden bleibt und der Öffnung der Grenzen in Europa geändert. Seit dieser Zeit ist der Anteil der gezüchteten Gesangskanarien ständig zurückgegangen, während die Farb- und Gestaltskanarien eine noch nie dagewesene Blütezeit erleben.

EIN IDEALES HEIM- TIER

Durch den jahrhundertelangen Domestikationsprozeß hat sich der Kanarienvogel an die Bedingungen in Menschenobhut gewöhnt und kann daher mit Fug und Recht als ideales, leicht zu pflegendes Heimtier bezeichnet werden.
Die durch Züchterhand beeinflußte Veränderung von Farbe, Form und Gestalt hat im Erscheinungsbild zu einem gewaltigen Unterschied zwischen den heutigen Kanarienrassen und ihrem Ahnherrn – dem wilden Kanarienvogel – geführt. Wenn auch für viele Menschen nicht vorstellbar ist, daß alle heutigen Rassen vom wilden Kanarienvogel abstammen, so ist dies doch tatsächlich der Fall. Tiere und auch Pflanzen können Nachkommenschaft haben, die von den Eltern durch zufällige Erbgutveränderungen, die man als Mutation bezeichnet, verschieden ist, und diese „Variationen" be-

sitzen in der Regel die Fähigkeit, sich unverändert fortzupflanzen. Dieses Phänomen hat der bekannte englische Naturforscher Darwin erstmalig im letzten Jahrhundert in seinem Werk „Variation of Animals and Plants under Domestication" ausführlich erklärt. Die Anpassung an die Lebensbedingungen in Menschenobhut hat dazu geführt, daß sich ein gezüchteter Kanarienvogel in der freien Wildbahn nicht mehr zurechtfinden würde. Andererseits würde ein der freien Natur entnommener Kanarienvogel niemals die gute Züchtbarkeit und Anpassungsfähigkeit aufweisen, die sein domestizierter Vetter sein eigen nennt.
Trotz alledem sind unsere seit Generationen gezüchteten Kanarienvögel keinesfalls verweichlicht oder lebensuntüchtig. Gerade bei den Gestalts- beziehungsweise frisierten Kanarien wird von Laien häufig angenommen, daß sie nicht mehr fliegen könnten oder sonstige hohe Vitalitätsverluste hätten, was jedoch nicht der Fall ist. Wer sich einmal mit diesen liebenswerten Kanarienrassen beschäftigt hat, wird sie lieben und trotz oder gerade wegen ihres skurrilen Aussehens nicht mehr missen mögen.

VORSICHT: Hüten sollte man sich vor Experimenten im Sinne von „Abhärten". Wenn die Kanarienvögel in Freivolieren auch einige Grad Frost vertragen, so darf nicht vergessen werden, daß gerade im Winter bei uns die hohe Luftfeuchtigkeit das Gefieder nicht mehr trocken werden läßt, was dann unweigerlich zu Erkältungskrankheiten führt.

Hält man sich die klimatischen Bedingungen der Kanarischen Inseln vor Augen, auf die wir Menschen im Winter ja auch gerne flüchten, so ist dies verständlich. Wir sollten uns daher vor Experimenten hüten und unseren Kanarienvögeln möglichst naturnahe, also den natürlichen Lebensumständen nachempfundene Haltungs- und Pflegebedingungen bieten. Das genaue Studium dieses Buches ist dem Leser dabei ebenso hilfreich wie die eingehende Beobachtung des eigenen Vogels.
Beides, also ein Mindestwissen und einfühlsames Beobachten, helfen uns, die machbaren und für den Vogel zuträglichen und vom Besitzer unter normalen Umständen realisierbaren Haltungsbedingungen herauszufinden.

Eine breite Palette: Farbkanarienvögel sind allseits beliebt.

Zubehör und Kauf

Ein Kanarienvogel kommt ins Haus

Wenn Sie sich den Wunsch nach einem Kanarienvogel erfüllen wollen, so ist einiges zu bedenken.

Da die Lebensdauer eines Kanarienvogels bei richtiger Haltung durchaus zehn Jahre und mehr betragen kann, legt man sich also für einen längeren Zeitraum fest. Nur wenn man bereit ist, in dieser Zeitspanne täglich für seinen Vogel zu sorgen, sollte man sich zum Kauf entschließen.

Gerade Kinder sind anfangs begeistert und beteuern, ihren Verpflichtungen bei der Pflege eines Kanarienvo-

täglich und damit regelmäßig erfolgen. Wenn dies geklärt ist, steht dem Erwerb eines Kanarienvogels nichts mehr im Wege.

EINZEL- ODER PAARHALTUNG?

Soll der Kanarienvogel Mittelpunkt der Wohnung sein, so empfiehlt sich in aller Regel die Einzelhaltung. Zwar gibt es im Jahreszy-

klus Phasen, in denen der Kanarienvogel mit einem Partner oder in kleineren Schwärmen zusammenlebt – in der Praxis stößt dies jedoch häufig auf Probleme. Bei einer Paarhaltung wird es wahrscheinlich Nachwuchs geben, was meist nicht beabsichtigt ist. Eine Vergesellschaftung von Hähnen ist relativ problematisch, da sie sich, außer in der Mauserzeit, als Riva-

gels nachzukommen. Diese Begeisterung ist jedoch sehr wandlungsfähig und kann plötzlich, wenn andere Interessen überwiegen, völlig nachlassen. Für die Eltern heißt dies, daß sie dann selbst bereit sein müssen, die Versorgung des Vogels zu übernehmen. Die Anforderungen, die an die Pflege eines Kanarienvogels gestellt werden, sind nicht übermäßig hoch. Die Versorgung muß jedoch

Wer viel Platz hat, kann ein richtiges Vogelzimmer einrichten.

len betrachten und versuchen würden, ihren „Gegner" zu vertreiben. Dies hätte enormen Streß zur Folge, mit der Konsequenz, daß einer der Kontrahenten früher oder später sein Leben lassen würde.

TIP: Für denjenigen, der einen farbenprächtigen Sänger haben möchte, bleibt nur die Einzelhaltung eines Kanarienhahnes, da Weibchen nicht singen bzw. höchstens einmal zwitschern.

KINDER UND KANARIENVÖGEL

Kindern ab sechs Jahren kann man einen Kanarienvogel anvertrauen, was die Eltern jedoch nicht von der „Oberaufsicht" entbindet. Das tägliche Versorgen lehrt die Kinder, Verantwortung für ein lebendiges Wesen zu übernehmen. Es kann nicht früh genug damit begonnen werden, die Sinne des Kindes für das Mitgeschöpf Tier zu sensibilisieren. Mit Geduld und Zuneigung wird es dem Kind nicht schwerfallen, bald ein inniges Verhältnis zu seinem „Hansi" aufzubauen. Er wird bald um Futter betteln, Leckerbissen aus der Hand nehmen und sich auch kraulen lassen.

In einer geräumigen Voliere fühlen sich Wellensittiche und Kanarienvögel miteinander wohl.

VERGESELLSCHAFTUNG

Verfügt man über ein ausreichend großes Vogelheim oder sogar eine kleine Voliere, kann der Kanarienvogel mit anderen Vögeln wie Wellensittichen, Diamanttäubchen, Zebrafinken oder auch Nymphensittichen vergesellschaftet werden. Gerade letztere sind trotz ihrer Größe friedfertige Gesellen. Trotzdem wird es sich nicht vermeiden lassen, daß auch einmal Streitereien auftreten, die sich zu Zeiten der Brut sicherlich verstärken. Daher ist die ständige Beobachtung das oberste Gebot, um nötigenfalls eingreifen zu können, was in den allermeisten Fällen bedeutet, daß die Störenfriede entfernt werden müssen. Entsprechende Ersatzunterkünfte müssen vorhanden sein. Nichts wäre in einer solchen Situation unangebrachter als abzuwarten. Denn die Kontrahenten können sich in kürzester Zeit schwere Verletzungen zufügen, die dann möglicherweise zum Tod führen. Ganz wichtig bei einer Vergesellschaftung sind ausreichender Flugraum und die Beobachtung!

VORSICHT: Vor einer Vergesellschaftung mit Agaporniden wie Rosenköpfchen, Schwarzköpfchen, Rußköpfchen und anderen sei eindringlich gewarnt. So friedlich diese Vögel untereinander im Schwarm sein mögen, so aggressiv können sie sich gegenüber anderen Vögeln verhalten und beißen diesen nicht selten die Zehen ab.

DIE AUSWAHL

Einen Kanarienvogel können Sie in jedem gut geführten Zoofachgeschäft erwerben. Dort erhalten Sie auch alles nötige Zubehör, das zu einer artgerechten Haltung erforderlich ist. Schauen Sie sich in Ruhe die ausgestellten Vögel an. Bedenken Sie dabei, daß Kanarien zur Zeit des Erwerbs schon einige Monate alt sind. Sie werden kaum, wie etwa beim Wellensittich, die Gelegenheit erhalten, einen achtwöchigen Jungvogel zu erwerben.

Günstig wäre es natürlich, wenn der Vogel in Ihrer Gegenwart singt, so daß Sie sich schon ein Bild seiner gesanglichen Qualitäten machen können. Ansonsten lassen Sie in puncto Aussehen, Farbe usw. Ihren persönlichen Geschmack entscheiden.

HAHN ODER HENNE?

Da man einen Kanarienvogel hauptsächlich wegen des Gesanges hält, sollte man einen Hahn erwerben, da nur dieser über den so geschätzten modulationsreichen Gesang verfügt. Zwar gibt es immer wieder auch Hennen, die einzelne Strophen vortragen können, dennoch reicht dies nicht aus, um mit einem Hahn zu konkurrieren.

Wem allerdings der Gesang gleichgültig ist und wer mehr Spaß an Farben und Formen hat, sollte sich nicht scheuen, eine Henne anzuschaffen. Auch die Haltung von mehreren Hennen ist meist unproblematisch, weil sie – bis auf die Brutzeit – untereinander bei weitem nicht so aggressiv sind wie Hähne.

JUNG ODER ALT?

Jungvögel werden frühestens im Herbst angeboten. Nach ihrer Nestlingsphase beginnt nämlich die Jugendmauser, in der das Kleingefieder gewechselt wird. Nach Beendigung der Mauser im September werden die Vögel dann an den Zoofachhandel abgegeben. Auch besteht die Möglichkeit, ältere Tiere zu erwerben. Das Alter kann man einfach erkennen, wenn er

einen geschlossenen Ring trägt, auf dem die Jahreszahl eingraviert ist. Ansonsten achte man auf die Beschuppung der Füße: Sie ist bei jungen, einjährigen Tieren glatt und weich, bei älteren rauh und schuppig. Legt man Wert auf herausragende gesangliche Leistung, so sollte man einen Kanarienvogel frühestens im November oder Dezem-

Kanarienhenne

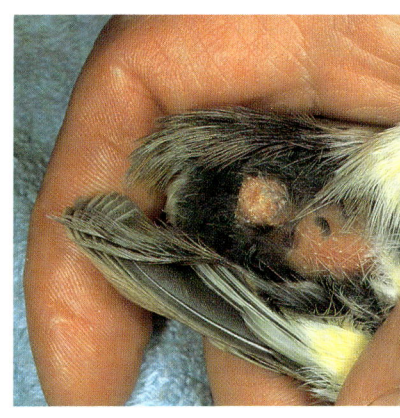

Kanarienhahn

ber erwerben. Der Vogel hat dann schon an Wettbewerben teilgenommen, und seine Gesangsleistung ist durch die Bewertungskarten nachvollziehbar.

TIP: Der „Anfänger" sollte keinen Vogel kaufen, der seine Jugendmauser noch nicht abgeschlossen hat, da durch die Umstellung Schwierigkeiten auftreten könnten, die womöglich zu ernsten Störungen des Wohlbefindens führen.

Die Trennwand kann man herausnehmen.

Vogelheime aus Holz wirken rustikal.

WELCHE RASSE?

Die Frage, ob Gesangs-, Farb- oder Gestaltskanarienvogel, ist eine Sache des persönlichen Geschmacks. Wenn Sie im Zoofachhandel oder auf einer Ausstellung Vögel unterschiedlicher Zuchtrichtungen kennenlernen, werden Sie hören, daß die Gesangsqualität eines Harzer Rollers die eines Farb- oder Gestaltskanarienvogels bei weitem übertrifft.

Vor allem trägt der Gesangskanarienvogel seinen Gesang wesentlich leiser vor als Farb- und Gestaltskanarien, die teilweise sehr laut und „anstrengend" sein können. Wer aber Freude an leuchtenden Farben und einem lebhaft und laut vorgetragenen Gesang hat, sollte sich ruhig zum Erwerb eines Farbkanarienvogels entschließen.

Die Gestaltskanarienvögel singen teilweise, bedingt durch ihr größeres Körpervolumen, noch lauter als Farbkanarien, so daß man trotz des reizvollen Aussehens überlegen sollte, ob man sich einen derartig stimmgewaltigen Sänger (oder gar Schreihals) in die eigenen vier Wände holt. Der laute Gesang klingt draußen in der Voliere aber viel angenehmer als etwa in einem kleinen Zimmer.

GESUNDHEIT

In einem guten Zoofachgeschäft werden Sie nur wirklich gesunde Vögel finden. Kranke Tiere sind meist schon rein äußerlich zu erkennen. Halten Sie einen Abstand von 2–3 m ein, der Vogel fühlt sich dann sicherer und gibt sich so, wie er sich wirklich fühlt. Kranke Vögel werden dann ihr Unwohlsein durch ein gesträubtes bzw. aufgeplustertes Gefieder zeigen. Sie stecken häufig ihr Köpfchen unter die Flügel, schlafen und sind völlig teilnahmslos.

Weiter kann man häufig ein verschmutztes Aftergefieder beobachten. Hier heißt es, vorsichtig zu sein und im Zweifelsfall vom Kauf eines solchen Vogels Abstand zu nehmen.

Wer ganz sichergehen will, nimmt den Vogel in die Hand und bläst kurz gegen Unterleib und Brustbein. Das Brustbein muß vollfleischig sein, nicht eingefallen. Der Unterbauch sollte bei einem Hahn leicht eingefallen sein, möglichst keinen großen Fettansatz aufweisen und frei von Rötungen sein. Diese gehen in aller Regel mit Schwellungen des Unterleibs einher und stellen ernsthafte Krankheitssymptome dar.

Tritt man an kranke Vögel

Ein besonders geräumiges Vogelheim auf Rollen

Solche Käfige sind zu eng und nicht gut sauberzuhalten.

Vor dem Einzug wird das Vogelheim komplett ausgestattet.

heran, so werden auch sie plötzlich ein glattes Gefieder zeigen und so über ihren Gesundheitszustand hinwegtäuschen. Gleiches gilt, wenn zu viele Tiere in einem Käfig gehalten werden. Der kranke Vorgel wird jedoch jede Gelegenheit wahrnehmen, um sich in eine Ecke zurückzuziehen und dort aufzuplustern. Üblich ist es jedoch im Zoo-fachhandel, daß Kanarien-hähne einzeln gehalten werden, schon aufgrund der bereits angesprochenen Aggressivität untereinander. So ist z.B. auch anhand des wohlgeformten und schwarz-weiß gefärbten Kotes leicht zu erkennen, daß der Vogel gesund ist. Vorsicht bei weichem und grüngefärbtem Kot, hier liegt meist eine Erkrankung vor!

DAS VOGELHEIM

Vogelheime gibt es beim Zoofachhändler in den verschiedensten Ausführungen, gelegentlich auch aus Buchenholz mit Metallgittern.

Die Art des Materials spielt letztlich keine große Rolle, da der Kanarienvogel nicht den ausgeprägten Nagetrieb eines Wellensittichs hat, bei dem nach der Aufnahme von Kunststoffen ernsthafte Vergiftungen auftreten können.

Wichtigstes Kriterium für ein Vogelheim ist die ausreichende Größe. Für einen einzeln gehaltenen Kanarienvogel sollte man eine Länge von wenigstens 60 cm wählen, wobei klaren rechteckigen Formen der Vorzug zu geben ist.

In letzter Zeit werden insbesondere aus Südostasien Konstruktionen aus Bambus angeboten, die für die Vögel mehr Käfige als Vogelheime sind. Sie lassen sich sehr schlecht reinigen und haben gegen herausfallenden Sand und Futterspelzen keine Schutzvorkehrungen.

In solchen Volieren kann man Gruppen pflegen.

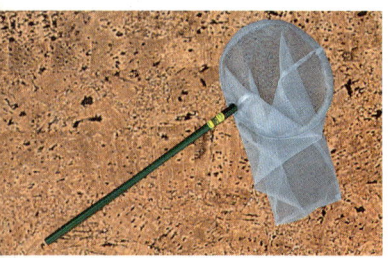

Nützliches Fangnetz

Vogelsand mit Grit

ZUBEHÖR

Die Näpfe haben üblicherweise eine Größe, die für die tägliche Ration an Wasser und Körnerfutter ausreicht. Zusätzlich bieten sich kleine, schmale Naschnäpfe an, in denen z.B. Eifutter und Leckerbissen gereicht werden. Ein Extranapf für Vogelgrit ist empfehlenswert, damit Hansi die nötigen Steinchen zur Verdauung aufnehmen kann.

Die hölzernen Sitzstangen müssen einen genügend großen Durchmesser haben. Dazwischen muß ausreichend Abstand sein, so daß Hansi beim hin und her Hüpfen gezwungen ist, seine Flügel zu gebrauchen. Ungespritzte Naturäste sind besonders geeignet; im Zoofachhandel gibt es dafür Asthalterungen.

DER RICHTIGE PLATZ

Schon vor dem Erwerb sollte man sich Gedanken machen, wo das Vogelheim seinen festen und zugfreien Platz erhält. Wenn auch heute noch viele Kanarienheime auf der Fensterbank stehen, so ist dies nicht richtig. Der Vogel ist dort im Sommer zu sehr der Hitze und im Winter kalter Zugluft ausgesetzt. Viel besser ist ein Platz an der Wand. Der Vogel fühlt sich hier auch geschützter und wird leichter zahm.

Auch sollte ein Platz in unmittelbarer Nähe von Stereoanlagen und Fernsehgeräten vermieden werden, 2–3 m Abstand reichen. Außerdem sollte man die Anschaffung eines Verdunklungstuches erwägen. Wenn man selbst länger aufbleibt, kann der Vogel seine Nachtruhe halten.

In die Bodenschale wird Vogelsand gestreut. Bei der Montage der Sitzstangen ist zu berücksichtigen, daß sie möglichst weit auseinanderliegen und eine Verschmutzung der darunterliegenden Stange vermieden wird. Man streut auf den Boden einige zusätzliche Futterkörner und stellt ein zweites Wassergefäß hinein, damit sich der Vogel in seiner neuen Umgebung schneller zurechtfindet.

EINGEWÖHNUNG

Nachdem Sie den Transportkarton an der Seite vorsichtig geöffnet haben, halten sie diese vor die Tür des Vogelheimes. Hansi wird sofort dem Licht zustreben und sein neues Heim in Augenschein nehmen. Sollte er sich ein wenig „störrisch" anstellen, kann er mit einem vorsichtigen Schütteln in sein neues Heim expediert werden. Danach schließen Sie die Tür; ein Freiflug wäre jetzt völlig unangebracht. Hansi muß erst einmal seine neue Umgebung kennenlernen. Vermeiden Sie Lärm und Hektik. Kinder sollten darauf hinge-

wiesen werden, daß Hansi seine Eingewöhnungsphase braucht. Nichts spricht jedoch dagegen, daß sich die Kinder mit 1 m Abstand vor das Heim setzen und mit Hansi sprechen. Wichtig sind dabei ruhige Bewegungen, um ein unnötiges Erschrecken zu vermeiden.

TIP: Erste Kontakte mit Ihrem Finger sollten Sie in dieser Eingewöhnungsphase vermeiden. Nach einigen Tagen wird Hansi sich wie selbstverständlich in seinem Heim bewegen und auch neugierig die ersten Leckereien und Grünzeug aus Ihrer Hand nehmen.

Volieren sind in vielen Größen und Formen erhältlich.

Kanarienvögel richtig ernähren

Liebe geht immer durch den Magen

Damit unser Kanarienvogel gesund und munter bleibt, braucht er eine ausgewogene Körnermischung und frisches Grünzeug.

Leckeres Grünzeug

Wie seine Finkenverwandtschaft verfügt der Kanarienvogel über einen kegelförmigen Schnabel, der auf seine Hauptnahrung, verschiedene Körnersorten, hinweist. Jedes Korn wird einzeln aufgenommen und mit den Schnabelscheiden enthülst. Alle Körnersorten, die wir zur gesunden Ernährung unseres Kanarienvogels benötigen, hält der Zoofachhandel in ausgewogenen Mischungen bereit. Hauptbestandteile sind Rübsamen (Rübsen), Kanarien-, Glanz- oder Spitzsaat (Samen des Kanarengrases, das in der Natur die Hauptnahrung bildet), Negersaat, Hanfsaat, Leinsaat, Salatsamen, Mohn-saat, geschälte Haferkerne und Perillasaat.

Von eigenen Mixturen sollte man absehen, da zu leicht Futtermittel wie Negersaat und Hanf im Übermaß enthalten sind, die besonders gerne aufgenommen werden, in größeren Mengen jedoch nicht zuträglich sind. Unser Kanarienvogel wird

Frisches Grün kann man leicht selber ziehen: Die Samen werden abgespült, auf Blumenerde verteilt, gut angegossen und an einen warmen Platz gestellt. Schon nach wenigen Tagen sprießt das erste zarte Grün für unseren Kanarienvogel.

Luftig aufgehängtes Grün bleibt länger frisch.

zunächst die bevorzugten Samen fressen und das Futter umherschleudern, um an seine begehrten Leckerbissen zu kommen.

Zweck des Mischfutters ist eine ausgewogene Ernährung und die Vermeidung einseitiger Vorlieben für bestimmte Körnersorten.

Wenn wir glauben, dem Vogel mit Leckerbissen einen Gefallen zu tun, wird er sich in kürzester Zeit ein Bäuchlein anfressen und kaum

Grober und feiner Sand

Mineralien und Magenkiesel

noch die gegenüberliegende Sitzstange erreichen.

TIP: Wichtig ist, daß das Vogelfutter frisch ist und nicht dumpf oder muffig riecht. Außerdem sollte das Futter sauber sein und keine Milben enthalten.

VOGELSAND

Auf den Boden der Schale gehört stets frischer Vogelsand mit ausreichend Grit, den der Vogel aufnimmt, um die Futterkörner im Magen zermahlen zu können. Sonst empfiehlt sich eine Zufütterung von Vogelgrit in einem kleinen Naschnapf. Vogelgrit besteht aus feingemahlenen Muschelschalen. Die feine Körnung des Grits ist für Kanarienvögel wichtig (Kleinvögel-Grit). Wer will, kann noch

Kalk in Form einer Sepiaschale zuführen, was insbesondere zur Mauserzeit vorteilhaft ist.

WASSER

Genauso wichtig für Ihren Vogel ist auch das täglich frische Wasser. Vorsorglich sollten Sie sich bei Ihrem Wasserwerk erkundigen, ob gechlort wird. Dann empfiehlt es sich, im Zoofachhandel erhältliche Aufbereitungsmittel zuzugeben, um Schadstoffe wie Chlor zu neutralisieren. Empfehlenswert ist es auch, das Wasser kurz ablaufen zu lassen, bevor Hansis Trinknapf gefüllt wird. Möglicherweise in der Leitung vorhandene Schadstoffe, die sich gerade bei einem kleinen Vogelkörper verhängnisvoll auswirken könnten, werden so entfernt.

VITAMINE

Ein gutes, frisches Körnermischfutter enthält die nötigen Vitamine in fast ausreichender Menge. Bei einer regelmäßigen Gabe von Grünzeug sind zusätzliche Vitamingaben meist entbehrlich. Hilfreich sind Vitamine jedoch insbesondere während der Mauserzeit und wenn sich der Kanarienvogel nicht wohl fühlt.

TIP: Vitamine können über das Körnerfutter oder das Wasser gegeben werden. Am einfachsten ist es, für eine Stunde das Wasser zu entziehen und dann das vitaminisierte Wasser zu geben. So ist eine schnelle Aufnahme gewährleistet, die wichtig ist, weil die Vitamine unter Licht- und Lufteinfluß schnell zerfallen.

Wichtig ist, daß angebrochene Packungen unter Lichtabschluß möglichst kühl gelagert werden, z.B. im Kühlschrank.

GRÜNFUTTER

Frisches Grünfutter sollte regelmäßig angeboten werden, wobei jedoch nicht die Quantität, sondern die Qualität entscheidend ist. Man hüte sich vor übermäßigen Gaben und achte auf gute Qualität.

Wichtig ist, woher es stammt. Vom Straßenrand sollte man kein Grünfutter sammeln, aber auch auf der „grünen Wiese" ist man vor Überraschungen nicht sicher. Selbst dort kann die chemische Keule gewirkt haben.

Deswegen ist es am sichersten, das Grün im eigenen Garten anzubauen bzw. dort Wildkräuter zu pflükken. Allerdings muß man darauf achten, daß nicht aus anderen Gärten Giftschwaden herübergeweht werden.

Ein altbewährtes Grünfutter ist Vogelmiere, die sogar in milden Wintern zur Verfügung steht bzw. im Topf auf Balkon oder Fensterbank gezogen werden kann. Weitere bewährte Pflanzen sind Löwenzahn, Kreuzkraut, Huflattich, Hirtentäschelkraut, verschiedene Wegericharten, Gänsedisteln und die im Sommer blühenden Gräsersorten. Geeignet sind auch Möhren, Äpfel und Gurkenstückchen, die man vorsorglich schält. Bei käuflichem Blatt-salat sollte man Vorsicht walten lassen und lieber verzichten.

Wichtig ist, daß das gesammelte Grünfutter frisch dargeboten wird. Auf keinen Fall sammle man zuviel, damit das Grünzeug gerade an warmen Tagen nicht verdirbt. Das im Winter gesammelte Futter darf nicht im gefrorenen Zustand gereicht werden.

VORSICHT, GIFT-PFLANZEN!

So wichtig regelmäßige Grünfuttergaben auch sind, so muß man sich vor giftigen Pflanzen hüten. Hält man sich an die zuvor erwähnten Pflanzen, kann praktisch nichts passieren. Gefährlicher wird es, wenn der Vogel im Zimmer Freiflug erhält und an Grünpflanzen knabbert. Das soll-

Gemeinsam schmeckt es besser!

Rote Kolbenhirse

Gekeimter Rübsen

Hirtentäschelkraut

te grundsätzlich verhindert werden. Auch ungiftige Pflanzen können durch Spritzmittel Reste von Giftspuren tragen, die allerschlimmste Folgen haben.

ERGÄNZUNGSFUTTER

Der Zoofachhandel bietet eine reiche Palette von Ergänzungsfuttermitteln wie Eibisquits, Knabberherzen, Singperlen u.ä. an. Daneben gibt es speziell für die Mauserzeit „Mauserhilfen". Zur Intensivierung der Gefiederfarbe gibt es ebenfalls spezielle Ergänzungsfutter. Bei Magenverstimmungen helfen Vogelkohle und andere Präparate. Holen Sie sich Rat bei Ihrem Zoofachhändler oder Tierarzt! Welche Leckerbissen Ihrem Vogel besonders munden, müssen Sie selbst herausfinden. Auch hier gilt es, nicht zu übertreiben.

KEIMFUTTER

Ein besonders wertvolles Ergänzungsfutter stellt Keimfutter dar. Es handelt sich um schnellkeimende Körnersaaten wie Rübsen, Mungbohnen u. ä., die teils schon nach 24 bis 36 Stunden angeboten werden können. Es ist nicht notwendig, daß sich bereits regelrechte Pflänzchen entwickelt haben, denn am wertvollsten

ist das Keimfutter, wenn es nur angekeimt ist.
In Anbetracht der geringen Mengen, die man für einen einzelnen Vogel benötigt, eignen sich am besten die im Zoofachhandel angebotenen Keimtöpfe für Vogelgrün. Genausogut kann man das Keimfutter in Blumenerde aussäen und die Töpfchen dann in den Vogelkäfig stellen.
Bei der Herstellung von Keimfutter ist darauf zu achten, daß es bei warmem Wetter nicht in Gärung übergeht oder schimmelt. Auch hier hilft die „Nasenprobe": Es darf nicht muffig-säuerlich riechen.
Man nimmt schnell keimende Saaten wie Rübsen, die bei Zimmertemperatur bereits nach 24 bis 36 Stunden verfüttert werden können. Eine praktische Methode ist auch die Herstellung von Keimfutter in kleinen Sieben, die täglich mehrmals durchgespült werden, so daß Schimmel gar nicht erst aufkommen kann.

TIP: Zur Beschaffung von frischem Grün ist die Herstellung von Keimfutter eine gute Methode, insbesondere wenn man züchtet. Wichtig ist, daß man die Keimfutterherstellung ausprobiert, bevor die ersten Jungen schlüpfen.

DIE FUTTERMENGE

Bei der Haltung eines einzelnen Kanarienvogels mit Freiflugmöglichkeiten werden sich mit der beschriebenen Fütterung keine Probleme ergeben. Vielmehr wird der Vogel gesund und munter sein.

Wird jedoch zu reichhaltig gefüttert und nicht genügend Freiflug gewährt, so besteht die Gefahr der Verfettung. In diesem Falle lohnt es sich z.B., die großen kugeligen Hanfkörner aus dem Mischfutter auszusortieren. Sie sind sehr stark ölhaltig und werden bevorzugt gefressen.

Es empfiehlt sich, bei Gelegenheit den Vogel herauszufangen und insbesondere den Unterbauch und die Brust auf Fettansätze hin zu überprüfen. Gerade dort ist ggf. das goldgelbe Fett zu sehen. Sind nur geringe Ansätze vorhanden, so ist dies nicht weiter schädlich. Ansonsten muß unser Hansi auf Diät gesetzt werden, indem man nur Glanz- und Keimfutter anbietet. Besonders wichtig ist jedoch, daß der Vogel regelmäßig Freiflug erhält. Meistens reduziert sich dann das Fett innerhalb kürzester Zeit von selbst. In besonders problematischen Fällen einen Tierarzt konsultieren!

Werden Kanarienvögel in

Auch die Beschäftigung beim Fressen ist wichtig.

einer Freivoliere gehalten, kann das Futter ruhig etwas nahrhafter sein, weil dort ausreichende Bewegungsmöglichkeiten bestehen. Dies gilt insbesondere für die kalte Jahreszeit.

SPEZIALFUTTER FÜR RASSEVÖGEL

Wenn auch mit dem handelsüblichen Mischfutter alle Kanarienrassen gut versorgt werden können, so ist es doch günstiger, wenn z.B. ein Gesangskanarienvogel einen etwas höheren Rübsenanteil erhält. Andererseits kann man bei größeren Gestaltskanarien auf Rübsen völlig verzichten. Für sie ist Glanz das Grundfutter, wobei ein höherer Zusatz von z.B. Negersaat nicht schadet. Spezielle Fragen beantwortet der Zoofachhändler oder Züchter.

Beim Freiflug lassen sich faszinierende Beobachtungen machen.

Pflege und Krankheitsvorsorge

Kanarienvögel richtig versorgen

Das Wohlbefinden unseres Vogels wird von Unterbringung, Fütterung, Zuwendung und Pflege bestimmt.

Auch wenn ein Kanarienvogel nicht als besonders anspruchsvoll bezeichnet werden kann, so sind dennoch Grundbedürfnisse zu erfüllen, die über das bloße

Füttern und Saubermachen hinausgehen. Unser Vogel benötigt unbedingt den sozialen Kontakt mit seinem Pfleger, auch wenn er diesbezüglich nicht so anspruchsvoll ist wie etwa der Wellensittich.

Besonders die Zeit der täglichen Fütterung bringt sehr viel Freude, wenn Hänschen zur gewohnten Zeit aufgeregt hin und her hüpft und uns dabei erwartungsvoll anschaut. Für das Füttern sollte man sich also unbedingt ausgiebig Zeit nehmen.

GRUNDREINIGUNG

Nicht nur die tägliche Fütterung sollte regelmäßig zur gleichen Stunde erfolgen, sondern auch die Grundreinigung sollte in regelmäßigen Abständen vorgenommen werden, wobei es sich empfiehlt, einmal in der Woche das gesamte Vogelheim gründlich zu säubern. Dabei haben sich die im Zoofachhandel erhältlichen Vogelheime bewährt, bei denen man problemlos das Oberteil vom Unterteil trennen kann. Der Vogel kann dann im Oberteil bleiben, während

man die Unterschale reinigt. Als Reinigungsmittel empfehlen sich Grüne Seife oder ein mildes Geschirrspülmittel, wobei nicht vergessen werden darf, gründlich nachzuspülen. Nicht unbedingt erforderlich ist die Verwendung eines Desinfektionsmittels. Wenn es jedoch verwendet wird, sollte man auf der Packung genau nachlesen, ob es überhaupt für Vögel geeignet ist! Bei einem gesunden Vogel kann man getrost auf Desinfektionsmittel verzichten.

TIP: Wenn die Unterschale aus durchsichtigem Plastikmaterial besteht, empfiehlt es sich selbst bei hartnäckigen Verschmutzungen, einen weichen Schwamm zu benutzen. Mit der harten Scheuerseite wird das Plastik zerkratzt und damit unansehnlich.

Danach wird die Bodenschale wieder mit Sand gefüllt, dem man die im Zoofachhandel erhältlichen Sandveredler (Mineralstoffe) beifügen kann.
Der Futternapf wird gut ausgetrocknet, damit keine Futterreste kleben bleiben, die sich dann nur schwer entfernen lassen.

Man kann sie einzeln oder zu mehreren pflegen.

Bei der Reinigung des Wassernapfes achte man insbesondere darauf, daß keine Algen oder weißliche schmierige Beläge entstehen, die häufig den Nährboden für Keime bilden.

Bei der Reinigung der Stangen empfiehlt es sich, nicht alle auf einmal zu entfernen. Unser Hansi sollte noch einen „Zweisprung" behalten, damit die Reinigungsprozedur für ihn nicht in Streß ausartet. Die Reinigung der Sitzstangen sollte man mit einem Abwaschschwamm vorneh-

men, wobei man diesmal die harte Scheuerseite benutzt, um auch tatsächlich eine effektive Reinigung zu erzielen.

Monatlich sollte überdies, während man seinem Vogel Freiflug gewährt, das gesamte Oberteil in die Badewanne gestellt und abgespült werden, wobei auch hier ein weicher Schwamm bzw. eine Bürste hilfreich sind. Sicherheitshalber legt man ein Handtuch unter, damit keine Kratzer verursacht werden. Nachdem das Oberteil gut abgetrocknet

ist, kann man es wieder mit dem Unterteil verbinden, und Hansis gereinigtes Vogelheim erstrahlt nun in neuem Glanz.

An dieser Stelle sei noch eine Kuriosität angeführt, die viele Vogelliebhaber beobachtet haben:

Auch wenn Hansi regelmäßig Badewasser geboten wird, wird er häufig, wenn er sich wieder im frischgereinigten Heim befindet, in seinem Wassernapf eine regelrechte Wasserschlacht veranstalten, daß es nur so spritzt.

KRALLENPFLEGE

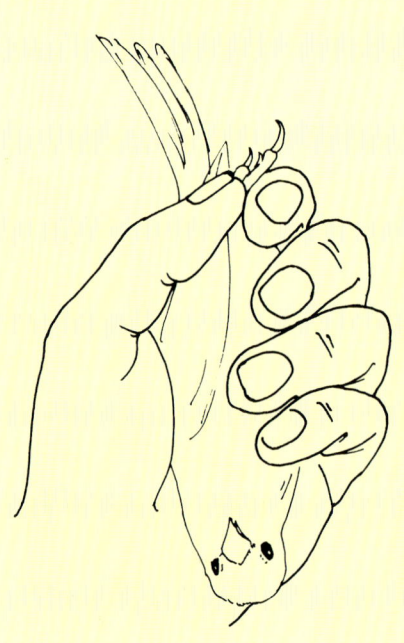
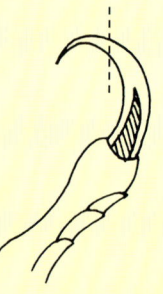
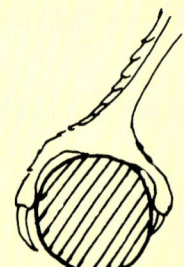

So wird der Vogel beim Krallenschneiden gehalten; nur der nicht durchblutete Teil der Kralle wird gekürzt.

Genügend dicke Sitzstangen tragen dazu bei, daß die Krallen sich von selbst abnutzen können.

SCHNABEL-KONTROLLE

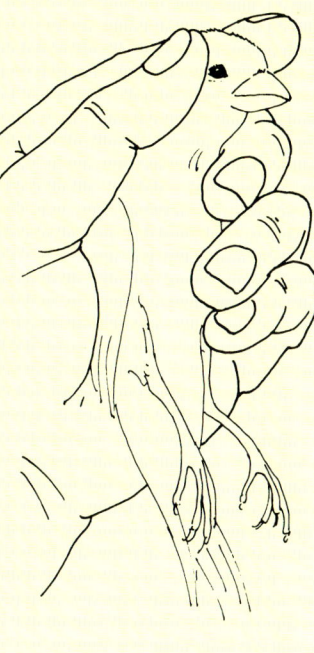

Richtiges Halten bei einer eventuell nötigen Schnabelkontrolle

FREIFLUG

Das Fliegen gehört zum natürlichen Verhalten und den elementaren Bedürfnissen eines jeden Vogels. Dem einzeln gehaltenen Kanarienvogel sollte, wenn es sich irgendwie einrichten läßt, täglich ein halbes Stündchen Freiflug im Zimmer gewährt werden. Wie

bereits erwähnt, ist dies die beste Möglichkeit, einer Verfettung vorzubeugen. Im übrigen ist trotz eines ausreichend großen Vogelheims ein Zimmer natürlich viel eher geeignet, das Flugbedürfnis zu befriedigen. Auch ist es ein nicht zu unterschätzendes Vergnügen, seinen Liebling im Fluge zu beobachten.

Wichtig ist dabei natürlich, daß die Fenster geschlossen sind. Selbst ein auf „Kipp" gestelltes Fenster reicht schon aus, um ein Entweichen zu ermöglichen. Die Familie sollte darüber informiert sein, daß Hansi unterwegs ist, damit nicht plötzlich die Tür aufgemacht wird und er entfliegen kann.

Üblicherweise wird unser Kanarienvogel die höchstgelegenen Stellen des Zimmers als Landeplatz aufsuchen. Dabei brauchen wir, im Gegensatz zum Wellensittich, keine Sorgen zu haben, daß durch Anknabbern ernste Schäden entstehen.

Sollte Hansi beim Freiflug mal etwas fallen lassen, ist dies auch nicht weiter tragisch, da bei einem gesunden Kanarienvogel der Kot relativ fest ist und überall in der Wohnung leicht entfernt werden kann.

Man kann versuchen, ihm einen Freisitz anzubieten,

wie er für Wellensittiche im Handel erhältlich ist. Da der Kanarienvogel jedoch nicht einen so ausgeprägten Spieltrieb hat, wird er meist derartige „Sitzplätze" nicht annehmen. Häufiger wird er bei seinem Pfleger auf der Schulter sitzen oder neugierig über den Wohnzimmertisch laufen.

Da Kanarienvögel von Natur aus besonders neugierige Wesen sind, muß alles vermieden werden, was sie in der Wohnung in Gefahr bringen könnte.

Auch sollte man darauf achten, daß keine alkoholischen Getränke in offenen Gläsern stehen, da auch Kanarienvögel gern mal davon nippen.

BADEN

Kanarienvögel baden für ihr Leben gern. Überdies ist das tägliche Baden auch für die Gefiederpflege unentbehrlich.

Im Zoofachhandel gibt es praktische Badehäuschen zu kaufen, die in aller Regel in der Tür eingehängt werden. Selbstverständlich eignen sich auch flache Schalen. Die handelsüblichen Badehäuschen sind jedoch viel praktischer, da sie nach drei Seiten geschlossen sind und so das Wasser nur in eine Richtung spritzen kann.

Baden ist gesund, und Kanarienvögel tun es sehr gerne.

Beim Freiflug achte man darauf, daß der Kanarienvogel nicht etwa in der Blumengießkanne auf der Fensterbank oder in anderen schmalen Gefäßen sein Bad nehmen will. Dies könnte schnell zu einer tödlichen Falle werden.

VORSICHT: Irgendwelche Zusätze zum Badewasser sind für unseren Kanarienvogel nicht erforderlich. Auch wenn es derartige Mittel, zum Beispiel für Tauben, gibt, sollte man darauf verzichten, weil der Kanarienvogel ja nicht nur badet, sondern auch davon trinkt.

NACHTRUHE

Gegen Abend werden Sie feststellen, daß Ihr Kanarienvogel langsam ruhiger wird, den Gesang einstellt und auch schon mal sein Köpfchen in das Rückengefieder steckt. Jetzt ist es Zeit für die Nachtruhe. Da auch diesbezüglich eine gewisse Regelmäßigkeit eingehalten werden sollte, empfiehlt es sich, zu einer bestimmten Abendstunde eine möglichst lichtundurchlässige Decke über das Vogelheim zu hängen. Der Vogel kommt zur Ruhe, während Sie noch Ihren abendlichen Beschäftigungen nachgehen können.

Während des Schlafs sitzt ein gesunder Vogel auf nur einem Bein.

Ein Vogel, der auf beiden Beinen schläft bzw. auch tagsüber häufig seine Schlafstellung einnimmt, ist nicht gesund. Es handelt sich um die ersten sichtbaren Krankheitsanzeichen; unverzüglich den Tierarzt aufsuchen!

KRALLENPFLEGE

Um ein übermäßiges Wachstum der Krallen zu vermeiden, sind ausreichend dicke Sitzstangen erforderlich. Aber auch dann wird es von Zeit zu Zeit notwendig sein, die Krallen zu schneiden. Wichtigstes Instrument ist eine Nagelschere. Im Zoofachhandel sind auch entsprechende Krallenzangen erhältlich. Die Kralle halte man gegen das Licht. Man wird dann im oberen Teil sehen, wie weit sie durchblutet ist. In diesen durchbluteten Teil darf auf keinen Fall hineingeschnitten werden, weil das sofort starke Blutungen gäbe. Sollte dies dennoch einmal passieren, kann mit spezieller blutstillender Watte aus der Apotheke für Abhilfe gesorgt werden.

Ist man sich nicht sicher, sollte man beim ersten Mal den Rat eines Zoofachhändlers, Tierarztes oder Züchters in Anspruch nehmen.

Beim Schnitt achte man darauf, daß die natürliche Krallenform erhalten bleibt!

SCHNABELPFLEGE

Auch der Oberschnabel kann plötzlich eine Verlängerung aufweisen. Auch ihn kann man mit einer guten Nagelschere kürzen. Man achte dabei ganz besonders auf die Zunge des Kanarienvogels! Am besten ist es, beim Korrigieren des Schnabels fachmännische Hilfe des Zoofachhändlers oder Tierarztes in Anspruch zu nehmen.

TIP: Um ein übermäßiges Wachstum des Oberschnabels zu vermeiden, empfiehlt es sich, im Käfig ein Stück Sepiaschale oder einen Kalkstein aufzuhängen. Beides hat den Vorteil, daß neben der Schnabelpflege der Kalkbedarf gedeckt wird.

IN DIE HAND NEHMEN

Selbstverständlich sollte man seinen Kanarienvogel nur dann in die Hand nehmen, wenn es unbedingt erforderlich ist, so z.B. zur Überprüfung des Gesundheitszustandes oder einer möglichen Verfettung bzw. Abmagerung. Am einfach-

sten ist es, dies in einem verdunkelten Raum vorzunehmen. Der Kanarienvogel wird dann ruhig auf seiner Stange sitzen, und man kann ihn, ohne ihn zu jagen, greifen.

Da das In-die-Hand-nehmen eine große Belastung darstellt, die im Freileben nur damit zu vergleichen ist, daß der Vogel von einem Beutegreifer gepackt wird, sollte die ganze Aktion möglichst schnell beendet werden.

Nach dem Zurücksetzen kann es passieren, daß unser Kanarienvogel in eine

Art Starrezustand verfällt, der nichts anderes ist als ein Schock. Es ist dann ganz besonders wichtig, ihn in Ruhe zu lassen. Mit Sicherheit wird er sich innerhalb weniger Minuten beruhigen und wieder munter auf seine Stange hüpfen.

Für den Fall, daß der Vogel einmal zubeißen sollte, ist dies selbstverständlich nicht gefährlich. Das Zwikken kann jedoch so überraschend kommen, daß man erschrickt und ihn losläßt. Deswegen ist eine richtige Handhabung unbedingt erforderlich.

Ein ungepflegter Vogel, der zu wenig Badegelegenheit hatte

Er ist unübersehbar krank.

Des weiteren kann es erforderlich werden, den Vogel in die Hand zu nehmen, wenn er entflogen ist. Man sollte tunlichst davon absehen, ihn mit der Hand zu jagen. Das wird für Mensch und Vogel gleichermaßen eine einzige Tortur. Viel besser ist es, einen der im Zoofachhandel erhältlichen Vogelkescher zu benutzen, mit dem der Vogel leicht eingefangen werden kann.

GESUNDHEITS-KONTROLLE

Am äußeren Erscheinungsbild, z.B. aufgeplustertes Federkleid, können wir schon viel über den Gesundheitszustand unseres Kanarienvogels erkennen. Wichtig ist immer ein glatt anliegendes Gefieder. Auch sollten wir uns die Mühe machen, un-

seren Vogel im Schlaf zu beobachten. Verhält er sich im Schlaf unruhig, so könnte dies auf einen Milbenbefall hindeuten. Dann ist unverzüglich der Tierarzt aufzusuchen, der ein entsprechendes Milbenmittel bereithält.

Auch die Hornteile wie die Beine müssen glatt aussehen, wenn man einmal von der altersbedingten gröberen Schuppung absieht. Sehen nämlich die Beine sehr schuppig aus, so kann dies ebenfalls auf einen Milbenbefall hindeuten.

Auch an sonstigen Veränderungen, z.B. verklebten Augen, ist der Gesundheitszustand Ihres Vogels ablesbar. Man sollte nicht lange mit irgendwelchen Hausmittelchen herumdoktern, sondern einen Tierarzt aufsuchen. (Siehe auch die Gesundheits-Checkliste auf S. 63.)

TIP: Bei geschlossen beringten Vögeln kann sich Schmutz zwischen Vogelbein und Ring ansammeln, was dann zu Entzündungen und im schlimmsten Fall zum Absterben des Fußes führen kann. Dies ist jedoch äußerst selten. Wer sicher gehen will, läßt den geschlossenen Ring vom Zoofachhändler oder Tierarzt fachmännisch entfernen.

MAUSER

Die Mauser ist keine Krankheit, sondern ein ganz natürlicher Vorgang im Jahreszyklus eines Kanarienvogels. Ein gesunder Vogel wird in aller Regel im Hochsommer die Mauser beginnen und hat sie meistens acht Wochen später beendet. Dabei wird das gesamte Federkleid nach und nach abgestoßen und durch neue Federn ersetzt.

Lediglich Jungvögel im ersten Lebensjahr mausern nur das sogenannte Kleingefieder, ihre Schwanz- und Flügelfedern werden nicht ersetzt.

Mit Beginn der Mauserzeit wird unser Kanarienvogel seinen Gesang einstellen. Er braucht jetzt reichlich Ruhe und Badegelegenheit. Wichtig ist eine besonders abwechslungsreiche Kost, zu der als Ergänzung Vitamine und Mineralstoffe gegeben werden, die in den im Zoofachhandel erhältlichen Mauserhilfen enthalten sind.

Hält man sich an diese Regel, so ist ein schneller und störungsfreier Federwechsel gewährleistet.

Auch wenn naturgemäß durch den Federwechsel die Flugfähigkeit beeinträchtigt ist, so sollte man dem Vogel in dieser Zeit doch weiter die Möglichkeit zum Freiflug geben. Bedenken sollte man auch, daß sich während der Mauserzeit Pflegefehler besonders deutlich zeigen: so wird ein falsch ernährter und damit zu fetter Vogel erhebliche Schwierigkeiten mit dem Verlauf der Mauser haben.

Es kann auch passieren, daß der Vogel zu einer Jahreszeit Federn verliert, in der die Mauser normalerweise nicht stattfindet. Hier sind viele Ursachen denkbar. Möglich wäre ein Ortswechsel, eine Futterumstellung oder im Winter eine plötzliche und mehrere Tage oder Wochen andauernde längere Belichtung, die dem Vogel vorgaukelt, daß nun Hochsommer sei. Meistens verhält es sich so, daß der Vogel nur einzelne Federn verliert und nach zwei bis drei Wochen der „Mauservorgang" beendet ist. Sollte die Mauser „zur Unzeit" über einen längeren Zeitraum anhalten, ist unbedingt tierärztlicher Rat einzuholen.

GEFAHREN IM HAUSHALT

Das offene Fenster ist für einen freifliegenden Vogel wohl die größte Gefahr. Daneben gibt es aber vielfältige andere Risiken. Dies beginnt mit Pflanzen auf der Fensterbank, die entweder giftig sind oder mit Gift bespritzt wurden, und von denen unser Kanarienvogel nascht.

Achten Sie bei Gardinen darauf, daß sich der Kanarienvogel darin nicht verfängt und verletzt. Auch sollte man keinesfalls zulassen, daß er einem fliegend vom Wohnzimmer in die Küche folgt und dort möglicherweise auf einer heißen Herdplatte sein Leben beendet.

Auch mit gefüllten Wassergefäßen wie Schüsseln usw. ist Vorsicht geboten, da Kanarienvögel bei ihrem ausgeprägten Badebedürfnis möglicherweise ertrinken können.

Tückische Fallen sind auch die Ritzen zwischen Schrank und Wand. Sollte der Kanarienvogel einmal dazwischengeraten, gibt es nur eins: unverzüglich den Schrank abbauen, um den Vogel zu retten.

Krankenbox mit Infrarotstrahler

KRANKHEITEN

Auch bei einer optimalen Haltung und Fütterung kann es passieren, daß es zu einer Erkrankung kommt, wobei auch hier wieder der alte Rat gilt: Vorbeugen ist besser als heilen. Das heißt z.B., daß man keinesfalls draußen gesammeltes Grünfutter verwendet, auf dem Spuren von Vogelkot sichtbar sind. Für den

Stricke eignen sich zum Schaukeln und Turnen.

Fall, daß man einen Vogel zukauft oder in Pflege nimmt, ist es unbedingt erforderlich, Quarantänemaßnahmen zu ergreifen. Das heißt, daß die Vögel räumlich getrennt werden und man sich bei der Versorgung und Pflege zwischendurch die Hände wäscht. Im Grunde eine Selbstverständlichkeit beim Umgang mit Tieren!

TIP: Diese Liste möglicher Gefahren ließe sich beliebig verlängern. Es ist daher wichtig, daß wir beim Freiflug das Zimmer nicht verlassen, sondern stets unseren Hansi unter Kontrolle haben. Wichtig ist auch, daß die Familie vom Freiflug weiß, so daß nicht plötzlich die Tür aufgemacht wird und Hansi entfliegt. Auch sind geöffnete Türen, die man schließt, schon zur Todesfalle geworden. Also Vorsicht!

Auch aus dem Nest gefallene Jungvögel, die man in Pflege nimmt, können Überträger von Krankheiten sein. Sollte trotz aller Vorsicht einmal eine Erkrankung auftreten, ist unverzüglich tierärztliche Hilfe in Anspruch zu nehmen. Man hüte sich insbesondere vor irgendwelchen Hausmittelchen. Der kleine Vogelkörper ist derart empfindlich, daß schon einige Stunden des Abwartens den Krankheitszustand dramatisch verschlimmern können. Erste Krankheitsanzeichen sind das aufgeplusterte Gefieder, längere Schlafperioden während des Tages, das Schlafen auf zwei Beinen, Ausfluß aus Schnabel und Augen, geschwollene Augen und wäßriger Kot. Dieser kann jedoch auch auftreten,

wenn der Vogel einer Streßsituation ausgesetzt war, insbesondere dann, wenn man ihn in die Hand genommen hat. Kann man diesen wäßrigen Kot jedoch noch am nächsten Tag beobachten, so ist Vorsicht geboten.

Bei Durchfall kann man die im Handel erhältliche Vogelkohle geben. Es muß sich dann jedoch innerhalb kürzester Zeit eine Besserung einstellen, sonst unverzüglich den Tierarzt aufsuchen! Auf eine ausführliche Beschreibung möglicher Krankheiten soll an dieser Stelle verzichtet werden. Die richtige Diagnose wird Ihr Tierarzt stellen. Wichtig ist, daß man sich an die Anordnungen des Tierarztes hält, die Medikamente regelmäßig gibt und die begleitenden hygienischen Maßnahmen einhält. Bitte beachten Sie auch die Gesundheits-Checkliste auf S. 63!

DER RICHTIGE TIER-ARZT

In vielen Städten gibt es heute auf Kleintiere spezialisierte Tierärzte. Ob ein solcher in Ihrer Nähe wohnt, können Sie am besten mit Hilfe der „Gelben Seiten" im Telefonbuch feststellen, oder Sie fragen Ihren Zoofachhändler.

Falls Sie Beobachtungen an Ihrem Kanarienvogel machen, die mit seinem üblichen Verhalten nicht in Einklang stehen, sollten Sie sofort bei Ihrem Tierarzt nachfragen. Nur dieser kann entscheiden, ob es sich um ein vorübergehendes Unwohlsein oder um eine ernsthafte Erkrankung Ihres Vogels handelt.

Im Zweifelsfall sollte man immer sofort zum Tierarzt gehen, da der Verlust eines zur Familie gehörenden Vogels niemals mit dem finanziellen Aufwand des Tierarztbesuches aufgerechnet werden kann.

WENN DER VOGEL ENTFLIEGT ...

Auch bei sorgsamsten Vorsichtsmaßnahmen kann es passieren, daß ein Kanarienvogel beim Reinigen des Vogelheimes oder beim Freiflug durch ein offenstehendes Fenster oder eine Terrassentür entweicht. In aller Regel wird er den Weg zurück nicht finden.

Wenn sich in der Nachbarschaft eine Voliere mit anderen Kanarienvögeln befindet, sollte man unbedingt sofort dort nachfragen und gegebenenfalls einen Käfig mit Futter beziehungsweise eine Falle aufstellen, da der Kanarienvogel mit großer Wahrscheinlichkeit die Ge-

So gut gepflegt, munter und gesund soll auch unser Kanarienvogel sein.

sellschaft seiner Artgenossen sucht.

Ansonsten fragen Sie in der Nachbarschaft herum, oder lassen Sie im Zoofachgeschäft eine Nachricht aushängen. Dies können Sie auch in Ihrem nächstgelegenen Supermarkt tun.

Sie müssen sich aber damit abfinden, daß die Überlebenschancen Ihres Kanarienvogels nach wenigen Ta-

gen rapide sinken. In der kalten Jahreszeit wird es ihm kaum möglich sein, das nötige Futter zu finden. Aber auch in der warmen Jahreszeit wird er schnell das Opfer von Freßfeinden werden.

Deswegen müssen wir bei der Reinigung des Vogelheimes und beim Freiflug stets äußerste Vorsicht walten lassen!

Bei der Gefiederpflege bearbeiten sie alle Körperpartien mit dem Schnabel.

Verhalten, Zähmen, Gesang

Mit Kanarien-vögeln leben

Wir können die natürliche Neugier des Kanarienvogels nutzen, um ihn bald zutraulich zu machen.

Im Gegensatz zum gesellig lebenden Wellensittich kann man den Kanarienvogel schon fast als Einzelgänger bezeichnen. In seiner Heimat schließt er sich nach der Brutzeit zu locke-ren Schwärmen zusammen. Hier kommt jedoch kein derartig intensiver sozialer Kontakt zustande, wie er bei Wellensittichen üblich ist. Darüber darf jedoch nicht vernachlässigt wer-den, daß auch ein als Heim-tier gehaltener Kanarienvo-gel unsere Ansprache und Zuneigung braucht. Man braucht aber auch kein schlechtes Gewissen zu ha-ben, wenn man seinen Ka-narienvogel tagsüber allein läßt und erst abends und am Wochenende Muße fin-det, sich mit ihm zu be-schäftigen.

Der Kanarienvogel braucht Beschäftigungsmöglichkei-ten, die ihm einen halbwegs „sinnvollen" Tagesablauf ge-währleisten. Wir müssen uns vor Augen führen, daß er stets vor einem gedeckten Tisch sitzt, sich also keiner-lei Mühe mit der Futtersu-

Hinterher noch einmal kräfig aufplustern und schütteln – und fertig.

che geben muß, wie dies in der Natur nötig ist. Es ist also erforderlich, für einen gewissen Ausgleich zu sorgen, indem wir z.B. ein Pflänzchen Vogelmiere mit Erde ins Heim legen. Er kann nach kleinen Kerbtieren suchen, mit der Erde nötige Mineralien aufnehmen und seinem Spieltrieb nachgehen. Dafür eignen sich auch kurze Stücke von Bindfäden bzw. geflochtenes Sisal, die man im Vogelheim aufhängt und mit denen sich die Vögel stundenlang beschäftigen können.

Wichtig ist auch die regelmäßige Bademöglichkeit, da das tägliche Bad und die damit zusammenhängende Gefiederpflege zu den elementaren Bedürfnissen eines Kanarienvogels gehören.

GESANG

In der Natur besitzt jedes Kanarienvogelpaar sein Brutrevier, das vom Männchen durch Gesang markiert und gegenüber jedem Eindringling vehement verteidigt wird. Hält man nun zwei Hähne in getrennten Vogelheimen, so werden sie insbesondere zur Brutzeit im Frühjahr und Sommer sehr intensiv ihren Gesang ertönen lassen, weil der eine den anderen als Ein-

dringling in seinem Revier betrachtet und ihn aus diesem vertreiben möchte.

PAARBILDUNG

In der freien Natur beginnt die Paarbildung im Februar bzw. März. Einzelne Pärchen lösen sich aus den Schwärmen, und es beginnt die Brutzeit. Diese Paarbildung endet nach Abschluß der 2. oder 3. Jahresbrut, wenn im Hochsommer die Mauserzeit beginnt. Eine neuerliche Paarbildung beginnt im darauffolgenden Frühjahr, wobei sich jedoch in den seltensten Fällen die „alten Paare" wieder treffen.

JUNGVÖGEL

Wenn die Jungen im Alter von 18 bis 20 Tagen das Nest verlassen haben, werden sie noch eine Zeitlang von den Altvögeln gefüttert, bis sie sich im Alter von 6 Wochen immer weiter entfernen und dann zu Schwärmen vereinigen. Häufig beginnt schon in der 8. oder 9. Lebenswoche die Mauser. Die Jungvögel wechseln im ersten Jahr lediglich das Kleingefieder.

Streithähne

In Menschenobhut werden die Jungvögel in aller Regel zwischen dem 25. und 30. Lebenstag von den Eltern getrennt und dann in speziellen Vogelheimen oder Volieren gehalten, in denen ihnen reichlich Bewegung, frische Luft und eine ausgewogene Ernährung geboten wird.

NACH DER BRUTZEIT

Auch die Elternvögel schließen sich nach der Brutzeit in der Natur zu lockeren Schwärmen zusammen. Es beginnt dann meist bald die Mauser, wobei die Altvögel nicht nur das Kleingefieder erneuern, sondern auch das Großgefieder. Es findet also ein kompletter Federwechsel statt.

Beim Züchter werden nach der Brutzeit meistens die Geschlechter getrennt, damit in einer großen Voliere nicht noch unbemerkt ein weiteres Gelege erfolgt, was nur unnötig an den Kräften zehren würde. Auch den Altvögeln wird möglichst viel Bewegung und frische Luft geboten. Wie im Kapitel „Mauser" besprochen, ist dann auch eine besonders umsichtige und anspruchsvolle Fütterung vonnöten.

KANARIENVÖGEL ZÄHMEN

Bei liebevoller Behandlung wird der Kanarienvogel meist bald so zahm, daß er das Futter aus der Hand nimmt. Das erreicht man leicht, indem man beim Herantreten an das Heim leise zu dem Vogel spricht und vor allem jede hastige Bewegung vermeidet. Er wird schnell seinen Pfleger kennenlernen, besonders dessen Stimme, und gibt, wenn er angesprochen wird, sofort Antwort.

TIP: Es ist besonders reizvoll, die Fütterung zu festen Zeiten vorzunehmen. Man sollte sich diese Zeit unbedingt nehmen, in der man mit seinem Kanarienvogel Zwiesprache halten kann. Er wird es durch besondere Zutraulichkeit danken.

AUF DEM FINGER SITZEN

Ist der Kanarienvogel vertraut geworden, empfiehlt es sich, ihm mit einem Löffel oder auch mit den Fingern verschiedene Leckerbissen wie Vogelmiere, Vogelbiskuit o.ä. zu reichen. Seine Neugier und Vertrautheit wird ihm dann bald jegliche Scheu nehmen, so daß er sich trauen wird, auf unseren Finger zu kommen. Er wird sich dann weitere Lieblingsplätze aussuchen, z.B. unsere Schulter, wobei es vielen Spaß macht, am Ohrläppchen ihres meist kitzligen Pflegers herumknabbern.

Schnabel reinigen

Strecken und dehnen

DAS KANARIENLIED

Bei genauem Hinhören werden wir feststellen, daß nicht alle Elemente des Kanarienliedes gleich sind: es gibt Unterschiede in Form von Strophen, die von den Züchtern als „Touren" bezeichnet werden. Beim Gesangskanarienvogel oder „Harzer Roller" unterscheidet man die folgenden Touren: 1. Hohlrolle, 2. Knorre, 3. Wassertouren, 4. Hohlklinge, 5. Pfeife, 6. Schockel, 7. Glucke, 8. Klingelrolle und 9. Klingel. Diese Touren werden nach ihrem Wert unterteilt, wobei Hohlrolle, Knorre und Wassertouren zu den sehr guten Touren zählen; Hohlklinge, Pfeife, Schockel und Glucke zu den guten und Klingelrolle und Klingel zu den genügenden.

Die wohl schönste und ansprechendste Tour ist die Hohlrolle, auch als Königin der Touren bezeichnet. Der Knorre ist die dunkle Tonlage zu eigen, die damit auch die tiefste Hohlrolle noch um einige Töne unterbietet. Sie wird deswegen auch als Baßtour bezeichnet.
Die letzte aus der Gruppe der Haupttouren nennt sich Wassertour. Der Klang erinnert an das Plätschern, Sprudeln oder Gurgeln eines Baches. Er ist nachahmbar, indem man mit einem Strohhalm in ein mit Wasser gefülltes Gefäß bläst. Je weiter der Weg ist, den die Luft bis zum Austritt aus dem Wasser zurücklegen muß, um so tiefer wird der „Blubberton". Die Wassertour kann das Kanarienlied erheblich bereichern. Leider findet man derzeit nur wenige Vögel mit ansprechenden Wassertouren. Der schon Jahrzehnte anhaltende Trend zum reinen „Hohlvogel" ließ dessen Liedbestandteil mehr und mehr verkümmern.
Der interessierte Leser sollte sich im Zoofachgeschäft einmal den unverwechselbaren Gesang eines „echten" Harzer Roller anhören.

Beim Singen

Eine bunte Schar: Farb- und Gestaltskanarien

Zucht und Zuchtformen

Unsere Kanarienvögel bekommen Nachwuchs

Wer Kanarienvögel züchten möchte, braucht ausreichend Platz und ein äußerlich zusammenpassendes und gut harmonierendes Kanarienvogelpärchen.

Besonders reizvoll ist das Beobachten züchtender Kanarienvögel, weil sich der gesamte Geschehensablauf vor unserem Auge abspielt und nicht, wie bei Wellensittichen, durch einen Nistkasten verborgen bleibt. So können wir die Paarfindung und -bildung beobachten, den Begattungsakt, den der Züchter Tretakt nennt, das Legen des ersten Eies, das Brüten des Weibchens und schließlich das Schlüpfen der Jungtiere. Ganz beglückende Erlebnisse stellen sich ein, wenn wir zuschauen, wie die Elternvögel ihre Jungen füttern.

TIP: Es ist eine Grundvoraussetzung, daß man für die Zucht möglichst zahme und dem Menschen vertraute Kanarienvögel auswählt. Keinesfalls sollte man sie aus einer Voliere erwerben, um sie dann kurzfristig zur Zucht anzusetzen. Kommt nur ein Erwerb von Volierenvögeln in Betracht, so sollten sie sich wenigstens ein Vierteljahr vor Zuchtbeginn beim Pfleger eingewöhnt haben und mit ihm vertraut geworden sein.

Weiter sollte das Vogelheim möglichst nur nach vorne offen sein, damit den Tieren entsprechender Schutz ge-

VORAUSSETZUNGEN

Bei der Auswahl eines Vogelheimes für die Zucht sollte man strenge Maßstäbe anlegen. So ist eine Länge von 60 cm für das einzeln gehaltene Kanarienvogelpärchen das Mindestmaß. Die Höhe sollte ungefähr 35 cm betragen, die Tiefe ca. 30 cm. Diese Tiefe bietet optimale Voraussetzungen für ein Vertrautwerden der Zuchtkanarien und ihrer Jungen. Bei einer Tiefe von mehr als 30 cm ziehen sich die Vögel in den äußersten Winkel zurück, was ihr Vertrautwerden verzögert.

Gerade geschlüpft und schon hungrig

Praktische Zuchtanlage mit Bodenschubladen und Außenfütterung

boten wird. Sind die Vögel absolut zahm und vertraut, kann natürlich genausogut ein völlig „offenes" Vogelheim benutzt werden.

Das Vogelheim sollte weiter mit einer Schublade ausgestattet sein, so daß man ohne große Störungen den Bodenbelag erneuern kann. Bedenken sollte man auch, daß Platz für weitere Näpfe vorhanden sein muß, denn während der Zuchtzeit muß unbedingt Eifutter angeboten werden. Dabei hat sich die sogenannte „Außenfütterung" bewährt. Dazu werden die Näpfe von außen angebracht und können durch spezielle Öffnungen von innen erreicht werden.

Sinn ist die größtmögliche Hygiene. Bei offenen Futternäpfen auf dem Boden kann durch herabfallenden Kot leicht eine Verschmutzung eintreten. Für die Altvögel ist der Kontakt mit ihrem Kot, sofern dies nur in geringem Umfange eintritt, in aller Regel wenig gesundheitsgefährdend. Bei einem frisch geschlüpften oder wenige Tage alten Kanarienvogel stellt dies jedoch ein großes Infektionsrisiko dar. Ein weiterer Vorteil der Außenfütterung besteht darin, daß man mit den Händen nicht im Vogelheim zu hantieren braucht.

Des weiteren darf nicht außer acht gelassen werden,

daß bei einer Innenfütterung das Auswechseln der Näpfe mit dem Öffnen der Tür verbunden ist, was dann häufig zum Entweichen insbesondere der Jungvögel führt. Diese können nämlich, da sie mit dem Menschen noch nicht so vertraut sind, plötzlich wild davonflattern.

Die Ausführungen machen deutlich, daß das Züchten in einem Vogelheim, das üblicherweise zur Beherbergung eines einzelnen Sängers dient, weniger praktisch ist als in einem speziell für die Zucht konstruierten Vogelheim.

Bei einem einmaligen Zuchtversuch reicht es aber

sicherlich aus, eines der gängigen Vogelheime zu benutzen. Will man jedoch eine kleine Kanarienvogelzucht aufbauen, so sollte man sich gleich im Zoofachhandel nach zuchtgeeigneten Heimen erkundigen.

ZUCHTZEITPUNKT

Der Kanarienvogel beginnt in seiner Heimat schon im März mit der Brut. Die hormonelle Steuerung des Brutbeginns wird praktisch ausschließlich über das Licht geregelt. Das bedeutet, daß mit der im Frühjahr steigenden Sonne und der längeren Tageslichtdauer der Organismus auf das nahende Brutgeschäft eingestimmt wird.
Diese Verlängerung des Tageslichts muß allmählich erfolgen. Es nützt also nichts, wenn wir Anfang Februar meinen, wir müßten nun unbedingt Kanarienvögel züchten, und geben dann plötzlich mittels Kunstlicht eine Belichtungsdauer von 14 Stunden. Allzuleicht würde bei einer derartigen „Holzhammermethode" nichts anderes passieren, als daß die Kanarienvögel mit der Mauser beginnen. Die Dauer des Tageslichts ist auch für die Fütterung der Jungtiere wichtig, da nur bei wenigstens 12 Stunden Helligkeit ihre Versorgung gewährleistet ist.

TIP: Man sollte die Vögel „natürlich kommen lassen", d.h., daß man sie nicht mit Kunstlicht traktiert. Es wird sich dann schon von alleine, und zwar spätestens um die Tag- und Nachtgleiche am 21. März, die Brutstimmung einstellen.

Selbstverständlich kann man Kanarienvögel mit Kunstlicht sogar in einer Vogelstube im Keller züchten. Hierfür bedarf es jedoch eines umfangreichen Wissens und entsprechend ausgeklügelter lichttechnischer Installationen.

ZUCHTPARTNER

Bevor wir ein Pärchen auswählen oder kaufen, sollten wir uns darüber klar werden, welche Ziele wir mit der Zucht verfolgen. Bei einem einzeln gehaltenen Kanarienvogelpärchen steht sicherlich die Beobachtung des gesamten Fortpflanzungsgeschäfts im Vordergrund, so daß wir eben mit den Vögeln züchten, die uns von ihrem Äußeren gefallen. Wir sollten uns jedoch schon vor Zuchtbeginn umhören, an wen wir

Verschiedene Nester

Zuchtbox für zwei Kanarienpaare

Die Henne (rechts) ist noch in Begattungshaltung.

die Jungvögel abgeben können, damit ihre sorgfältige und artgerechte Unterbringung gesichert ist. Kanarienvögel züchten heißt eben auch, für die anvertraute Kreatur verantwortlich zu sein.

SCHAUTIERE ZÜCHTEN

Will man sogenannte „Rassekanarien" züchten, so muß man sich zunächst überlegen, ob es Gesangs-, Farb- oder Gestaltskanarien sein sollen. Ein passendes Pärchen wird man in aller Regel beim Züchter oder auf einer Vogelbörse erwerben. Wichtig ist jedoch, daß man

sich schon vorher über den Zuchtstandard sachkundig gemacht hat.

Die Standardbeschreibung stellt den Idealvogel im züchterischen Sinne dar, wobei berücksichtigt werden muß, daß dieser Idealvogel als Zuchtziel natürlich mehr auf dem Papier bzw. in den Köpfen der Züchter

besteht, als daß er tatsächlich vorhanden ist. Ist nämlich das Zuchtziel erreicht, wird häufig bei gewissen Merkmalen die Meßlatte höher gelegt, was für die Züchter eine weitere Herausforderung bedeutet, dem Vogel als „Zuchtprodukt" jedoch nicht guttun muß. Zum Glück hat hier in den Züchterverbänden seit einigen Jahren ein Umdenken stattgefunden, daß nämlich bestimmte züchterisch bevorzugte Merkmale nicht mehr zu Lasten der Tiere übertrieben werden.

Ein weiteres ganz wesentliches Kriterium sollte sein, daß man sich nur so viele Zuchtpaare anschafft, wie man in der Freizeit optimal

TIP: Will man ernsthaft mit der Zucht von Schaukanarien beginnen, empfiehlt sich die Bekanntschaft eines erfahrenen Kanarienvogelzüchters, der einen zumindest im ersten Jahr begleitet.

Der Embryo im Ei: am 2./3. Tag, am 5. Tag und kurz vor dem Schlüpfen

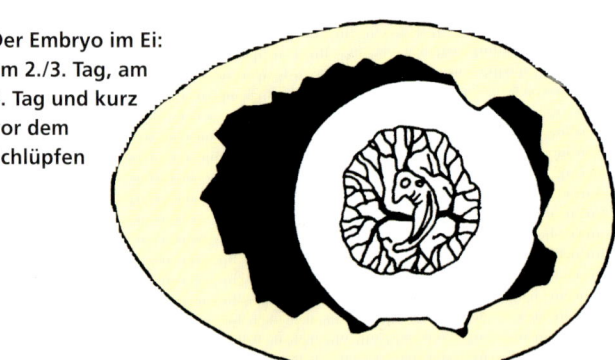

versorgen kann. Zumindest für den Anfang wäre eine Zucht, die fünf Pärchen Kanarienvögel nicht übersteigt, sinnvoll.

ZUCHTPRAXIS

Nun kann die Hecke beginnen. Unter „Hecke" wird von alters her die Zucht des Kanarienvogels verstanden. So spricht man von der Heckzeit, den Heckkäfigen oder den Heckvögeln. Die Heckreife ist von größter Wichtigkeit. Hierunter versteht man die Zuchtbereitschaft der Vögel: die Keimdrüsen müssen sich entwickelt haben, so daß die Henne in der Lage ist, Eier zu produzieren und der Kanarienhahn über befruchtungsfähige Spermien verfügt.
Da auch Kanarienvögel keine seelenlosen Wesen sind, kommt ein ganz wichtiges Kriterium zum Tragen, nämlich die Harmonie des Zuchtpaares. Es passiert immer wieder, daß man zwei

besonders hübsche Zuchtvögel miteinander verpaaren möchte und diese nicht die geringste Sympathie füreinander verspüren. Endlose Streitereien und Jagereien sind dann die Folge, wobei sogar ernsthafte Verletzungen nicht auszuschließen sind. Dann hilft nur ein Austauschen der Zuchtpartner in der Hoffnung, daß die neuen Partner besser miteinander harmonieren. Wichtig ist, daß die Zuchttiere schon rein äußerlich ihre Heckreife anzeigen: bei der Henne ist der Unterleib birnenförmig angeschwollen, beim Hahn ist der Unterbauch hingegen leicht eingefallen, und es hat sich der sogenannte Zapfen deutlich herausgebildet. Es bringt nichts, die Zucht mit Tieren zu beginnen, die nicht einmal diese Merkmale der Heckreife zeigen. Die Ursachen, daß Kanarienvögel trotz Frühlingszeit noch nicht heckreif sind, können unterschiedlichster Natur sein. Möglicherweise

handelt es sich um Vögel, die erst spät, also im Juni/Juli des vorangegangenen Jahres, geschlüpft sind. Auch können Unpäßlichkeiten, die äußerlich nicht bemerkt werden, bewirken, daß es für die Fortpflanzung eben „nicht mehr reicht".
Nach dem Zusammensetzen der Zuchtpaare sollten wir sie möglichst intensiv beobachten. Für einen Berufstätigen empfiehlt sich also das Zusammensetzen an einem Freitag, so daß das ganze Wochenende zur Verfügung steht. Man kann häufig kleine Auseinandersetzungen beobachten, die durchaus normal sind. Kritisch wird es, wenn Federn fliegen oder sogar Blut fließt. Dann heißt es, unverzüglich einzugreifen.

NESTER

Geeignete Kanariennester gibt es im Handel in verschiedenen Ausführungen, wobei grundsätzlich zwi-

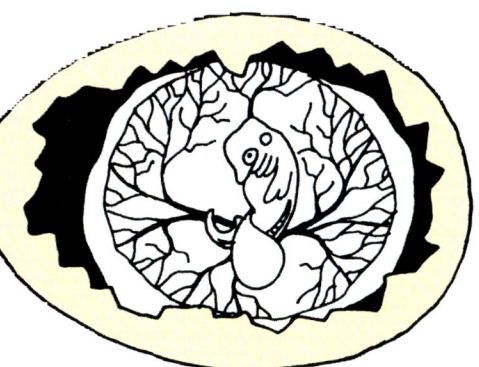

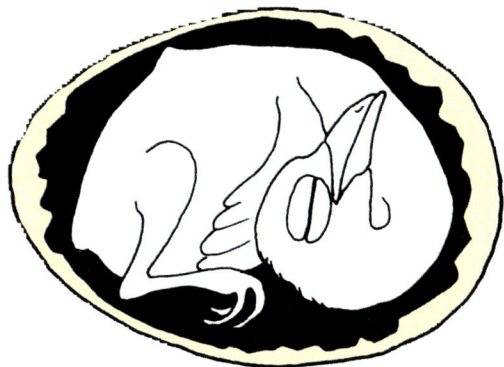

schen Innen- und Außennestern unterschieden wird. Es gibt Nistkörbchen aus Drahtgeflecht, Peddigrohr, Plastik oder sogar gebranntem Ton.

Empfehlenswert ist eine Nisteinlage aus Kokosfasern, die am besten mit einem Tropfen Alleskleber befestigt wird. Der Henne wird so der Nestbau erleichtert und vermieden, daß das Nest in der Plastikschale zu rutschen beginnt. Beim Drahtnest ist eine solche Einlage ebenfalls von Vorteil, da der Hahn, während die Henne brütet, manchmal aus lauter Langeweile die gesamten Fasern des Nestes durch die Drähte herauszieht mit der Folge, daß das Gelege beschädigt werden kann.

Das „Kaisernest" ist ein Außennest, das man an speziellen Nesttüren oder der Käfigtür befestigt.

Welches Nest man nun verwendet, ist eine Sache des persönlichen Geschmacks, wobei nicht außer acht gelassen werden sollte, daß der „Aktionsradius" der fütternden Eltern beim Innennest größer ist als bei einem Außennest, wo häufig nur die direkt vorne liegenden Jungtiere bequem erreicht und optimal versorgt werden.

Als Nistmaterial gibt es geschnittene Leinwandfäden, die als „Scharpie" bezeichnet werden. Wird mit einer Nistunterlage aus Sisal bzw. Kokosfasern und Scharpie das Nest gebaut, so ist dies in aller Regel stabil und hygienisch optimal. Interessanter ist es jedoch, man läßt die Hennen ihr Nest aus natürlichen Stoffen bauen: feine Gräser, Moos und feine Würzelchen. Für die Auspolsterung kann man feinste Tierhaare anbieten, so daß Nester entstehen, wie wir sie auch von anderen Vögeln in der freien Natur vorfinden.

TIP: Zu Beginn der Zucht geben wir nur wenig Nistmaterial, da es zu leicht verschmutzt. Erst wenn das Kanarienweibchen zügig baut, kann die gesamte Menge gegeben werden. Häufig ist dann innerhalb weniger Stunden das Nest fertiggestellt.

DIE BALZ

Ein zuchtreifer Kanarienhahn wird sofort anfangen zu singen, wenn man ihn mit einem heckreifen Weibchen zusammensetzt. Er wird dabei die Flügel spreizen, mit den Füßen auf der Sitzstange „herumtänzeln" und sich dabei auf- und abbewegen, was den Anschein einer Verbeugung vor seiner Angebeteten hat.

Eine heckreife Henne, die zur Begattung bereit ist, wird sich dann sofort auf der Stange ducken und dabei den Schwanz bzw. die Kloakengegend ein wenig nach oben halten. Dies ermöglicht dem Hahn beim „Befliegen", also dem eigentlichen Begattungsakt, seine Kloake gegen die des Weibchens zu pressen, so daß die Spermien in den Eileiter des Weibchens fließen können. Damit ist die Begattung abgeschlossen. Oft

Die Eischale wird mit dem Eizahn aufgepickt.

wird sie mehrmals wiederholt.

Auch ein noch nicht begattungsfähiges Kanarienweibchen wird der Kanarienhahn umwerben und dabei fleißig singen. Die Henne kann dann noch mit Aggressionen, also Attacken, auf ihn reagieren. Häufig wird man jedoch bemerken, daß sie schon Zeichen der Heckreife zeigt und piepsend und mit den Flügeln ständig flatternd von Stange zu Stange hüpft. Insbesondere in den Morgenstunden bei Sonnenschein sind Balz und Begattung zu beobachten.

EIABLAGE UND BRUT

Einige Tage nach der Begattung kann man beobachten, daß der Unterleib der Henne von außen sichtbar angeschwollen ist. Nun steht die Eiablage am nächsten Morgen bevor. Erstaunlich ist dabei die Pünktlichkeit der meisten Kanarienhennen, die gegen 7 Uhr morgens ihr Ei legen. Die Hennen stehen dabei ein wenig erhöht im Nest und pressen das Ei in aller Regel mit der Spitze voran aus der Kloake. Ein Vorgang, dem der Hahn wenig Beachtung schenkt. Gelegentlich kann es vorkommen, daß sich die sog. Legenot einstellt: nach dem eigentlichen Legetermin am

frühen Morgen versucht die Henne immer noch, das Ei auszupressen, und wird dabei zunehmend apathischer. Dann sollte man nicht lange zögern und mit der Henne sofort den Tierarzt aufsuchen.

Hüten sollte man sich vor irgendwelchen Hausmittelchen oder dem Zerstechen des Eies. Dabei wird meistens die Henne innerlich so verletzt, daß sie verblutet. Wenn überhaupt jemand helfend eingreifen kann, dann der Tierarzt, wobei fairerweise festgestellt werden muß, daß auch er nicht immer helfen kann. Glücklicherweise kommt die Legenot nur selten vor, wobei jüngere Tiere eher betroffen sind als Hennen, die schon eine Zuchtsaison erfolgreich absolviert haben. Die Kanarienhenne wird, nachdem das zweite oder dritte Ei abgelegt ist, mit dem Brutgeschäft beginnen. Will man einen Schlupf aller Jungtiere am selben Tag erreichen, so entfernt man die Eier und ersetzt sie durch Plastikeier. Das gesamte Gelege wird dann nach dem Legen des vierten Eies wieder untergelegt. Der unerfahrene Kanarienzüchter sollte jedoch den Dingen ihren Lauf lassen. Erfahrungsgemäß wird bei dem Wegnehmen der Eier manches beschädigt, so daß

Beim Schlüpfen

Einer fehlt noch.

Drei Tage alt

Bei den Nestlingen beginnen sich die Federn zu entwickeln.

der Schaden größer ist als der Nutzen. Einem geübten Kanarienvogelzüchter bereitet es keine Schwierigkeit, ein Ei zwischen Daumen und Zeigefinger zu halten. Bis man eine derartige Sicherheit erreicht hat, wird man jedoch manches Eigelb fließen sehen. Es empfiehlt sich daher der Gebrauch von speziellen Eierzangen. Noch einfacher ist die Benutzung eines kleinen Plastiklöffels.

Derartige Hilfsmittel sind auch geeignet, um wenige Tage nach Brutbeginn festzustellen, ob eine Befruchtung vorliegt. Hält man ein drei Tage altes Ei gegen das Licht, so wird man einen leichten Schatten feststellen, der die beginnende Keimentwicklung anzeigt. Außerdem sieht man die ersten Äderchen an der Schale entlangwachsen, während man in einem unbefruchteten Ei deutlich Eiweiß und Eidotter unterscheiden kann. Zwei Tage später kann man durch das befruchtete Ei nicht mehr hindurchsehen. Das Brutgeschäft dauert 13 Tage. Die Henne verläßt nur gelegentlich das Nest, um zu trinken oder Futter aufzunehmen und einen besonders großen und wei-

chen Haufen Kot abzusetzen. Letzteres ist kein Grund zur Beunruhigung, sondern während der Brutzeit völlig normal.

Der Hahn wird häufig auf den Nestrand fliegen, um seine Henne zu füttern. Auch wird er fleißig singen, um anzuzeigen, daß dieses Revier besetzt ist.

Wenn die Henne „unterwegs" ist, sollten wir einen kurzen Blick ins Nest werfen, um zu kontrollieren, ob keine Verschmutzungen eingetreten sind. In aller Regel wird das Nest sauber sein. Sollte dennoch einmal durch Schmutz eine Verklebung eingetreten sein, so empfiehlt es sich, diese zu beseitigen, da die Eier von der Henne ständig gewendet werden müssen. Ansonsten besteht die Gefahr, daß der Embryo in einem angeklebten Ei, das nicht mehr gewendet werden kann, abstirbt. Wir müssen jedoch äußerst vorsichtig vorgehen. Ein Abreißen des Eies vom darunterliegenden Scharpie würde unweigerlich das Aufreißen der Eischale zur Folge haben. Man muß behutsam mit lauwarmem Wasser und einem Pinsel versuchen, den Kot zu lösen. Auch dabei wird leider das eine oder andere Malheur passieren. Deswegen ist es ganz besonders wichtig, vorher die übrigen Eier aus dem Nest zu nehmen und in einem kleinen Schälchen, das z.B. mit Futter gefüllt ist, aufzubewahren.

TIP: Sollte tatsächlich einmal ein ganzes Gelege unbefruchtet sein, so wartet man ab, bis die Brutdauer von 13 Tagen beendet ist und entfernt danach die Eier. Dies hat den Vorteil, daß das Kanarienweibchen nicht aus dem Rhythmus kommt, sondern seinen Bruttrieb ausleben kann. Ein weiteres Gelege wird dann meistens innerhalb der nächsten 14 Tage folgen.

NESTLINGE

Nach 13 Tagen werden die Jungtiere schlüpfen. Zunächst wird man bemerken, wie das Küken mit seinem Eizahn an einer Stelle die Schale öffnet, bis unter Dehnen und Strecken die obere Kuppe abgesprengt wird. Es dauert noch eine geraume Zeit, bis sich das Küken vollständig aus der Eischale befreit hat, häufig wird auch die Henne unverzüglich für den Abtransport der Eischalen sorgen und sie aus dem Nest werfen.

Die jungen Kanarienvögel haben nach dem Schlupf, wenn sie trocken sind, einen weißen Flaum, der aus dem Dunengefieder gebildet wird. Die Augen sind geschlossen.

Nach einer Woche sieht man die ersten Federkiele wachsen. Auch die Augen haben sich schon geöffnet. Das Wachstum der Federn und des ganzen Vogelkörpers ist rasant. Bereits mit 16 Tagen verlassen die Jungvögel zu ersten Ausflügen das Nest.

Wichtig ist in dieser Zeit eine ausgewogene Ernährung. Neben dem Körnerfutter wird das bereits erwähnte Eifutter verfüttert. Dieses wird am besten schon mit Beginn der Brutzeit in kleinen Naschnäpfen gereicht. Sind die Jungtiere ge-

Familienleben im Vogelheim

schlüpft, verwendet man entsprechend große Näpfe, so daß man z.B. bei ganztägiger Abwesenheit auch eine Tagesration Eifutter anbieten kann. Ansonsten empfiehlt es sich, Eifutter morgens, mittags und abends zu geben. So ist es stets frisch und säuert nicht.

TIP: Im Handel erhältliches Eifutter kann mit geriebenen Möhren befeuchtet werden, was von den Elternvögeln besonders gerne aufgenommen und verfüttert wird. Auch kann sofort Grünfutter gegeben werden; dies jedoch nur sehr sparsam, da sonst allzuleicht Darmverstimmungen die Folge sind.

NESTKONTROLLE

Im Alter von 5-6 Tagen wird der von den Jungen abgegebene Kot nicht mehr durch die Mutter aufgenommen bzw. aus dem Nest geworfen, sondern die Jungtiere sind nun so weit entwickelt, daß sie sich selbst hochstemmen und über den Nestrand entleeren. Solange dieser Kot von schwarzweißer Farbe und relativ trocken ist, wird er auch nicht riechen, so daß der junge Kanarienzüchter beruhigt auf das Wohlergehen seiner Kanarienküken

Nach einer Grünzeugmahlzeit ist der Kropfinhalt durch die dünne Haut gut zu sehen.

schließen kann. Anders verhält es sich jedoch, wenn der Kot eine grünliche Färbung aufweist, schmierig ist und überdies noch übel riecht. Es liegen dann entweder Fütterungsfehler vor, oder es sind bereits Anzeichen einer Erkrankung der Jungtiere. Meistens läßt sich mit einer Reinigung des Nestes, frischem Scharpie und einer Reduzierung des Grünfutteranteils eine Besserung erzielen. Auch kann das Eifutter zu feucht gewesen sein. Sollte sich eine Besserung nicht einstellen, konsultiert man unverzüglich den Tierarzt oder einen erfahrenen Züchter. Bei Hinweisen auf Kokzidiose muß unbedingt der Tierarzt ein Mittel verschreiben.

Der Vogel ist dann aufgeplustert, stochert im Futter, magert ab (das Brustbein wird spitzer), der Unterleib ist rot, und die Darmschlingen schimmern durch die Haut.

BERINGEN

Der Ring am Fuß des Kanarienvogels stellt praktisch den Personalausweis dar. Es ist abzulesen, von welchem Züchter er als wievielter Vogel in welchem Jahr gezüchtet wurde. Will man Kanarienvögel ausstellen, so ist ein derartiger Ring von der jeweiligen Züchterorganisation obligatorisch, da nur selbstgezüchtete Vögel ausgestellt werden dürfen und der Ring als Zuchtnachweis gilt.

Die Größe des Ringes ist so bemessen, daß er bei einem erwachsenen Vogel nicht mehr abgezogen werden kann, andererseits jedoch auch noch genügend Spiel bleibt, damit das Vogelbein keinen Schaden leidet. Bei einem zu engen Ring bestünde nämlich die Gefahr, daß er einwachsen würde. Für den Beringungszeitpunkt gilt die Faustregel: wenn die Jungen erstmalig ihren Kot am Nestrand absetzen. Das ist meistens im Alter von 5–7 Tagen der Fall. In ganz seltenen Fällen kann es vorkommen, daß die Elternvögel den Ring als Fremdkörper betrachten, den sie in ihrem „Putzfimmel" mitsamt dem Jungvogel aus dem Nest befördern wollen. Dann kann man den Ring durch Leukoplast o.ä. tarnen.

AUSFLIEGEN

Im Alter von ungefähr 16 Tagen werden die Jungkanarien das erste Mal für einen kurzen Ausflug ihr Nest verlassen. Auch wenn diese Versuche sehr unbeholfen und ungestüm aussehen, muß man sich keine Sorgen machen. In dieser Sturm- und-Drang-Periode sind Verletzungen ausgesprochen selten.
Anders sieht es natürlich aus, wenn die Nester sich in einer Voliere befinden. Noch problematischer ist die Aufzucht in einer Außenvoliere, da Jungvögel, die nicht ins Nest zurückgefunden haben, in kühlen Nächten schwere Unterkühlungen erleiden können, die nicht selten den Tod zur Folge haben.
In den ersten Tagen nach dem Ausfliegen trete man vorsichtig an das Heim heran. Die Jungtiere sind zu dieser Zeit besonders schreckhaft – ein ererbtes Fluchtverhalten, das in der freien Natur sinnvoll ist, bei der Zucht in Menschenobhut vom Vogelpfleger jedoch eher als störend empfunden wird. Wichtig ist in dieser Phase, daß die Jungvögel mit dem Menschen vertraut werden und ihre angeborene Scheu verlieren. Nachdem die Jungen ausgeflogen sind, wird die Henne in aller Regel mit einer neuen Brut beginnen. Manchmal wird ein neues Nest gebaut, häufiger jedoch das neue Gelege im alten Nest abgesetzt. Auch wenn die Beobachtung der Aufzucht von Jungkanarien noch so viel Spaß und Freude bringt, sollte man doch nach dem Ausfliegen der zweiten Brut die Nester herausnehmen und den Vögeln die wohlverdiente Ruhephase gönnen. Nur in Ausnahmefällen kann auch noch ei-

BERINGEN

So wird vorsichtig der Fußring angelegt.

Farbenvielfalt in der Farbkanarienzucht

ne dritte Brut gestattet werden. Auch wenn das Zuchtpärchen noch so vital aussieht, darf nicht vergessen werden, daß nach der anstrengenden Brutphase die Mauserzeit folgt, die nochmals alle Kräfte abverlangt.

ERNÄHRUNG DER JUNGKANARIEN

Die Jungkanarien werden im Alter von 25 bis 30 Tagen abgesetzt. Die Unterbringung sollte nicht gleich in einer Voliere, sondern zunächst in einem geräumigen Vogelheim erfolgen, da so die Futter- und Wasseraufnahme besser kontrolliert werden kann. Auch wenn die Vorteile der Au-

ßenfütterung überwiegen, sollte man in den ersten Tagen das Futter in flachen offenen Schalen auf dem Boden reichen.
Die Jungvögel erhalten ihr gewohntes Eiaufzuchtfutter, ein wenig Grünzeug und Körnerfutter. Dieses wird am besten in einer Kaffeemühle geschrotet.

TIP: Noch einfacher ist es, einen Bogen Papier auf den Tisch zu legen, ein wenig Futter darauf zu streuen und es mit einer Flasche oder einem Nudelholz zu walzen. Derartig gequetschtes Futter ist insbesondere bei warmem Wetter täglich frisch zu reichen.

Nach wenigen Tagen wird man beobachten, daß die Jungvögel bereits das Enthülsen ganzer Körner gelernt haben, so daß ein weiteres Quetschen entbehrlich ist.

KLEINE KANARIEN-RASSENKUNDE

Die in Menschenobhut gezüchteten Kanarien werden in drei große Gruppen unterteilt, nämlich Gesangs-, Farb- und Positurkanarien. Aus der Gruppe der Gesangskanarien ist in Deutschland der sogenannte Harzer Roller am häufigsten, wobei der Name ein wenig irreführend ist, da der Harz schon lange nicht mehr das Hauptzuchtgebiet ist.
Aus Belgien sind nach dem Zweiten Weltkrieg die Wasserschläger zu uns gekommen. In Spanien gibt es die sogenannten Timbrados, die sicherlich in wenigen Jahren auch ihre Liebhaber in Deutschland gefunden haben werden. Sowohl die belgischen Wasserschläger als auch die spanischen Timbrados zeichnen sich durch einen relativ unverfälschten Gesang aus. Demgegenüber ist der Harzer Roller wesentlich feiner und leiser im Gesang. Man könnte sagen, daß er sein Lied am „kultiviertesten" vorträgt.

Bei den Farbkanarien unterscheidet man, vereinfacht ausgedrückt, zwischen aufgehellten und nicht aufgehellten Farben. Aufgehellte Vögel sind z.B. gelbe, rote und weiße, wobei jegliche Scheckung als Fehler gilt. Die nicht aufgehellten Vögel, z.B. grüne, werden den sogenannten Schwarzvögeln zugerechnet. Es handelt sich hierbei um die ursprüngliche Dunkelfarbe. Durch spontan aufgetretene Mutationen sind einzelne Dunkelfarben weggefallen, die z.B. die Braunvögel entstehen ließen. Sowohl die Schwarz- als auch die Braunvögel haben weitere Mutationen erlebt, im Verlaufe derer die Farben „verdünnt" wurden, so daß aus Schwarzvögeln Achatvögel wurden und aus Braunvögeln sogenannte Isabellvögel. Es handelt sich hierbei um eine Aufhellung der dunklen Farben.

Die Beschreibung weiterer Farbnuancen ließe sich beliebig fortsetzen. Wer daran Interesse hat, sollte sich auf einer Kanarienausstellung informieren und sich mit den Grundbegriffen der Genetik vertraut machen, da ohne deren Kenntnis eine planvolle Farbkanarienzucht nicht möglich ist.

Bei den Gestaltskanarien unterscheidet man grob folgende Rassenkreise: frisierte Rassen, gebogene Rassen, große glatte Rassen und kleine glatte Rassen.

Die frisierten Kanarienrassen zeichnen sich durch gekräuselte Federn aus, wobei man drei Grundfrisuren unterscheidet: Brustfrisur, Stütz- oder Flankenfedern, und die Rückenfrisur, die auch Mantel genannt wird. Es handelt sich hier um besonders attraktive, kostbare Kanariengestalten, die wohl nie das Gefallen der breiten Masse finden werden, sondern anspruchsvollen Liebhabern mit besonderer Kennerschaft vorbehalten sind. Ein weiterer, traditionsreicher Rassenkreis sind die sogenannten „gebogenen Rassen" mit ihren Hauptvertretern, dem Scotch Fancy aus Großbritannien und dem Bossu Belge aus Belgien. Letzterer ist ein glattgefiederter Kanarienvogel, der

Deutsch-Haube und weißer Farbkanarienvogel

„in Aktion", wie der Liebhaber es nennt, die Form einer 7 einnimmt. Dagegen präsentiert sich der Scotch Fancy wie gezirkelt als Halbmond.

Derartige Kostbarkeiten, die zudem noch aus dem Ausland stammen, haben sich bis in die heutige Zeit von Ignoranten viele Schmähungen gefallen lassen müssen. Diese Besonderheiten sind eben auch nur einem relativ kleinen Liebhaberkreis vorbehalten.

Eine beispiellose züchterische Entfaltung haben nach dem Zweiten Weltkrieg die sogenannten „großen und kleinen glatten" Kanarienrassen erlebt. An dieser Stelle seien insbesondere die Norwich-, Border- und Glosterrassen aus Großbritannien erwähnt, die auf den Kanarienausstellungen teilweise in riesigen Stückzahlen zu bewundern sind. Diese Kanarienrassen zeichnen sich durch gerundete Proportionen aus, so daß sie dem vom großen Verhaltensforscher Konrad Lorenz beschriebenen „Kindchenschema" entsprechen, was ihnen eine weitgehende Beliebtheit sichert.

Der Glosterkanarienvogel hat außerdem eine Federhaube auf dem Kopf, die ihn außerordentlich niedlich und keck aussehen läßt. Die Liste der ausländischen, insbesondere der britischen Kanarienrassen ließe sich noch beliebig verlängern. Eine ausführliche Beschreibung würde jedoch den Umfang dieses Büchleins sprengen.

Hingewiesen sei noch auf eine der deutschen Gestaltskanarienrassen, die sogenannte „Deutsche Haube". Es handelt sich hier im Grunde um nichts anderes als einen Farbkanarienvogel mit Haube. Diese gehäubten Kanarien sollen erstmalig in Nürnberg vorgekommen sein, von wo sie im Jahre 1734 nach Holland exportiert wurden. Die Briten mit ihrer sprichwörtlichen Züchtungskunst vollbrachten es dann, gehäubte Kanarienrassen hervorzubringen, bei denen man kaum noch glauben möchte, daß ihr Ahnherr der wilde Kanarienvogel ist. Der Deutsche Haubenkanarienvogel sieht dagegen wesentlich bescheidener aus, er hat aber auch seinen festen Liebhaberkreis.

KANARIEN AUF AUSSTELLUNGEN

Alljährlich von September bis Anfang Januar finden in der gesamten Bundesrepublik Vogelausstellungen statt, auf denen in den allermeisten Fällen auch Schaukanarien zu bewundern sind. Man achte auf Hinweise in Zoofachhandlungen oder in der örtlichen Presse. Ein Besuch derartiger Aus-

Ein erfolgreicher Ausstellungssieger

stellungen ist für den Liebhaber in der Regel besonders reizvoll, gewinnt er doch hier häufig völlig neue Eindrücke von seinen gefiederten Pfleglingen.

Für die Dauer der Schau werden die Kanarienvögel in speziellen Ausstellungskäfigen gehalten. Für das Auge des Laien scheinen diese nicht geräumig genug. Man muß jedoch bedenken, daß die Kanarienvögel darin nur für die Zeit der Ausstellung untergebracht sind. Da für den Züchter Preise nur zu gewinnen sind, wenn sich der Vogel auch in Topform präsentiert, werden diese Ausstellungskäfige schon Wochen vorher, kurze Zeit nach dem Absetzen der Jungkanarien, vor den Flugvolieren aufgehängt und darin Leckerbissen gereicht. Das hat zur Folge, daß die Kanarien von klein an mit ihrem Ausstellungskäfig vertraut sind. Die Jungvögel werden von einem guten Züchter so trainiert, daß sie allein auf seine Ansprache hin, vielleicht noch auf einen kleinen Fingerzeig, in den Ausstellungskäfig hüpfen, um sich dort wie gewünscht von ihrer Schokoladenseite zu präsentieren. Ein Züchter, der diese Sorgfalt nicht aufwendet und dessen Vögel ihr Ausstellungsheim nicht als so vertraut empfinden,

wird, was die ersehnten Auszeichnungen anbelangt, leer ausgehen.

ZUCHTVEREINE

Wer Spaß an der Zucht von Kanarienvögeln gefunden hat und diese auch ausstellen möchte, kommt nicht umhin, einer der großen Zuchtorganisationen, die es in Deutschland gibt, beizutreten, z.B. der Vereinigung für Artenschutz, Vogelhaltung und Vogelzucht, kurz AZ genannt. Sie unterhält Ortsgruppen. Jedoch kann auch jede Einzelperson Mitglied werden, ohne einer Ortsgruppe beizutreten. Wer also züchten und ausstellen möchte und jeglicher Vereinsmeierei entsagen will, sollte sich einen Beitritt zur AZ überlegen.

Demgegenüber ist der Deutsche Kanarienzüchterverband (DKB) anders strukturiert. Er setzt sich aus Ortsvereinen und Landesverbänden zusammen, die dann den Bundesverband bilden. Eine Mitgliedschaft ist daher nur über einen Ortsverein möglich, den man auf Vogelausstellungen erfragen kann.

Sowohl die AZ als auch der Deutsche Kanarienzüchterverband geben eigene Ringe heraus. Beide Organisationen erkennen überdies ihre Ringe gegenseitig an.

Züchter beim Abhören einer Kollektion Gesangskanarien

Die AZ veranstaltet am ersten Dezemberwochenende eines jeden Jahres ihre „Bundesschau", die z.Zt. regelmäßig in Kassel stattfindet. Dort werden rund 20000 Heimvögel ausgestellt, davon circa 7000 Kanarienvögel.

Der DKB veranstaltet seine „Deutsche Meisterschaft" in der ersten Januarwoche jeweils wechselnd in verschiedenen deutschen Städten. Auf dieser Ausstellung werden wesentlich weniger Vögel gezeigt, wobei jedoch der Anteil der Kanarien den bei der AZ deutlich übersteigt.

LITERATUR

Aichele, Dietmar und Marianne Golte-Bechtle: Was blüht denn da? Franckh-Kosmos, Stuttgart, 55. Aufl., 1993.

Bielfeld, Horst: Kanarien. Ulmer, Stuttgart 1988.

Claßen, Hans: Die Positurkanarien. Philler, Minden.

Kremer, Bruno-P.: Giftpflanzen. Franckh-Kosmos, Stuttgart 1994.

Speicher, Klaus: Kanarien – 120 Rassen. Ulmer, Stuttgart 1993.

Speicher, Klaus: Unser Kanarienvogel. Franckh-Kosmos, Stuttgart, 3. Aufl. 1993.

ADRESSEN

Deutscher Kanarienzüchter-Bund e.V.
Bundesgeschäftsführer
Kurt Hettinger
Karl-Theodor-Str. 18
D-68766 Hockenheim
Tel.: 0 62 05 - 72 18

Vereinigung für Artenschutz, Vogelhaltung und Vogelzucht (AZ) e.V.
Geschäftsstelle
Helmut Uebele
Postfach 11 68
D-71501 Backnang
Tel.: 0 71 91 - 8 24 39
Fax: 0 71 91 - 8 59 57

Vereinigung Ziergeflügel- und Exotenzüchter e.V.
Hans-Joachim Wöhrmann
Spreeaue 14
D-03130 Spremberrg
Tel./Fax: 0 35 63 - 46 02

Exotis
Ernst Zimmerli
Dorfstr. 33
CH-5745 Safenwil
Tel.: 0 62 79 - 7 23 06

Österreichischer Kanarien- und Vogelliebhaberbund ÖKB
Präsident
Gerald Bründl
Freistädter Str. 13
A-4040 Linz

REGISTER

BILDNACHWEIS

Fotos von Peter Beck (3, S. 21 ru, 22 lu, 23), Dr. Hans Claßen (6, S. 4 r, 5, 58, Innenklappe rot-schwarz, Norwich und Lizard), Firma Ferplast (2, S. 20 o, 21 l), Firma Hawi (1, S. 20 u), Juniors Bildarchiv/Neukampf (1, S. 25 o), Bernhard Kollschen (1, Außenklappe unten), Regina Kuhn (6, S. 1 l, 2 o, 10, 24 o, 29, 34), Franz Pfeffer (6, S. 22 lo, 28 o, 47 l, 51 o, 51 m, 51 u), Paul Pütz (alle 23 übrigen), Firma Quiko/Dieter Buss (2, S. 37, 47 r), Reinhard-Tierfoto (18, S. 1 m, 1 r, 2 u, 4 l, 6, 11, 13, 14, 16, 18, 21 ro, 30, 35, 39, 42, 44, 48, 57), Karin Skogstad (9, S. 27, 31, 40 l, 40 r, 41 l, 41 r, 43 ol, 43 or, Außenklappe oben), Vitakraft/Winkler Studios (1, S. 7).

Zeichnungen von Gisela Dürr (S. 9), Marianne Golte-Bechtle (S. 24/25) und Rahel Schale (alle übrigen).

Informationen senden wir Ihnen gerne zu

Bücher · Kalender · Spiele Experimentierkästen · CDs · Videos Seminare

Natur · Garten & Zimmerpflanzen · Heimtiere · Pferde & Reiten · Astronomie · Angeln & Jagd · Eisenbahn & Nutzfahrzeuge · Kinder & Jugend

KOSMOS

Postfach 10 60 11
D-70049 Stuttgart
TELEFON +49 (0)711-2191-0
FAX +49 (0)711-2191-422
WEB www.kosmos.de
E-MAIL info@kosmos.de

IMPRESSUM

Umschlaggestaltung von Atelier Reichert, Stuttgart, unter Verwendung von 3 Farbfotos von Karin Skogstad (Vorderseite) und Reinhard-Tierfoto (Rückseite) und einer Farbzeichnung von Marianne Golte-Bechtle.

Mit 78 Farbfotos, 1 Schwarzweißfoto, 5 Farbzeichnungen, 10 Schwarzweißzeichnungen und einer historischen Abbildung.

Die Deutsche Bibliothek – CIP-Einheitsaufnahme

Monthofer, Michael:
Muntere Kanarienvögel / Michael Monthofer. – Stuttgart : Franckh-Kosmos, 1996
  ISBN 3-440-07147-2

© 1996, Franckh-Kosmos Verlags-GmbH & Co., Stuttgart
Alle Rechte vorbehalten.
ISBN 3-440-07147-2
Lektorat: Angela Wolf
Grundlayout: Atelier Reichert, Stuttgart
Gestaltung: Gisela Dürr, München
Satz: ad hoc! Typographie, Ostfildern
Printed in Italy/Imprimé en Italie
Druck und buchbinderische Verarbeitung: Printer Trento S.r.l., Trento

MEIN KANARIENVOGEL FÜHLT SICH WOHL

Futter-Checkliste

▶ Futter und Wasser sind ausreichend vorhanden und für den Kanarienvogel gut erreichbar.

▶ Für neu gekaufte Tiere steht zusätzlich ein Napf Futter und Wasser auf dem Boden.

▶ Der Kanarienvogel erhält regelmäßig Ergänzungsfuttermittel und frisches Grün.

Pflege-Checkliste

▶ Das Vogelheim steht nicht in der prallen Sonne.

▶ Es ist nicht der Zugluft ausgesetzt.

▶ Es steht an einer ruhigen Stelle an der Wand, so daß sich der Kanarienvogel nicht ängstigt.

▶ Das Vogelheim wird wöchentlich gereinigt.

▶ Es ist genügend Vogelsand in der Bodenschale.

▶ Ein Kalkstein ist vorhanden.

▶ Der Kanarienvogel erhält viel Zuwendung.

▶ Er darf täglich mindestens eine halbe Stunde frei fliegen.

Gesundheits-Checkliste

▶ Es liegen viele Federn im Vogelheim.

→ Der Kanarienvogel ist in der Mauser, ein vorübergehendes Unwohlsein kann auftreten. Vermeiden Sie Streß und Unruhe und geben Sie ihm vorsorglich eine Mauserhilfe.

▶ Der Kanarienhahn würgt, schüttelt den Kopf und gibt dann eine breiige Masse ab.

→ Dies steht im Zusammenhang mit seinen Elterninstinkten. Auch allein gehaltene Hähne „füttern" manchmal eine vermeintliche Partnerin und würgen dabei Futter hervor. Dies geschieht insbesondere in den Frühlings- und Sommermonaten, also zur natürlichen Brutzeit.

▶ Der Kanarienvogel würgt, schüttelt den Kopf und gibt wäßrigen Schleim von sich.

→ Hier liegt möglicherweise ein Befall mit Luftsackmilben vor. Suchen Sie den Tierarzt auf!

▶ Der Kot ist wäßrig oder breiig und riecht schlecht.

→ Der Kanarienvogel hat Durchfall, sofort den Tierarzt aufsuchen!

▶ Der Kanarienvogel sitzt wie benommen im Vogelheim.

→ Er könnte beim Freiflug mit dem Kopf irgendwo angestoßen sein. Auch hier sofort den Tierarzt aufsuchen, weil derartige Unfälle noch Tage später zum Tod des Vogels führen können.

▶ Der Kanarienvogel hält einen Flügel unnormal.

→ Er könnte sich den Flügel gebrochen haben. Gehen Sie zum Tierarzt.

▶ An den Beinen stehen die Schuppen ab.

→ Der Vogel könnte an Milben leiden. Zum Tierarzt gehen und ein wirksames Mittel verschreiben lassen.

TIERPASS UND INSTRUKTIONEN FÜR DIE URLAUBSVERTRETUNG

Name des Vogels: _____   besondere Merkmale: _____

Geschlecht: _____   _____

geboren am: _____   _____

gekauft am: _____   _____

Wichtige Anschriften

Zoofachhändler: _____

_____

Tierarzt: _____

_____

sonstige: _____

_____

Urlaubsanschrift: _____

_____

Fütterungs- und Pflegehinweise: _____

_____

_____

_____

_____

_____